The Date
Sastanak

Short Stories in Croatian Language
With Vocabulary Section

Level 5: Perfection Plus

2. Edition

Ana Bilić

INTRODUCTION

The Date / Sastanak – from the series Croatian Made Easy, is a reader designed for learners of the Croatian language. This reading book includes a vocabulary list at the end.

Level 0: Easystarts - up to 400 words (A1)

Level 1: Beginners – up to 800 words (A1-A2)

Level 2: Intermediate – up to 1200 words (A2)

Level 3: Advanced – up to 1700 words (B1)

Level 4: Perfection – up to 2200 words (B2)

Level 5: Perfection Plus – up to 2800 words (C1)

Level 6: First Language – up to 3500 words (C2)

Level 7: Standard Literature (without vocabulary section)

The books from the series *Croatian Made Easy* are designed as reading materials that will help students of Croatian grow their vocabulary and enhance their command of the language. Each book is a mini novel whose theme, grammar and vocabulary are tailored to a specific study level – for easystarts, beginners, intermediate, advanced, perfection, perfection plus and first language. Here are some indicators to help you decide what your level is:

Easystarts – Learners who can use Croatian in the present tense.

Beginners – Learners who can use Croatian actively in the present tense and have passive understanding of the future and perfect tenses.

Intermediate level – Learners who are able to actively use the present, future and perfect tenses.

Advanced level – Learners who actively use the present, future and perfect tenses and have passive understanding of the aspects of the verbs.

Perfection – Learners who actively use the present, future, perfect tenses and aspects of the verbs.

Perfection Plus – Learners who actively use the present, future, perfect tenses and aspects of the verbs and have passive understandig of phrases and colloquial language.

First Language – Learners who actively use the present, future, perfect tenses, aspects of the verbs, phrases and colloquial language.

Standard Literature without vocabulary section

For more information about other mini novels, please visit the website:

www.croatian-made-easy.com

1. Omitted subject – look out for the verb

Always look out for the verb in a sentence and note how it ends. This is very important as the subject is often dropped, and there are words which look like a subject but are not in fact one. This is the case with "mi" and "ti". Both are not only used in the subjective case ("we" and "you"), but also in the objective case ("me", "you" as an object). It is therefore best to start out by looking at the verb and finding out to which (grammatical) person it refers:

Možeš *mi* dati knjigu? – Can **you** give/hand *me* the book?

Šaljemo *ti* pismo. – **We** send *you* the letter.

2. Open the vocabulary list/dictionary right away or not?

This depends on whether you just want to read the information in the text, or if you also want to learn the vocabulary contained in it. If you only want to read the text, it is better not to look for help in the dictionary right away. Each sentence will contain some words you know, and you can try and guess what the rest means in the given context. Even if the sentence does not make sense, try to go on and read the next one, and maybe the broader context will help you understand. Only if it still does not work should you consult the dictionary. But if you are reading the text to expand your vocabulary, you should look up all new words to avoid memorizing any incorrect meanings.

3. Do I need to know adjectives at all?

To get a rough idea of the basic story, adjectives are not the top priority. To understand the text fully and enjoy reading it, adjectives are essential.

4. Words with two meanings

These words may be irritating to some readers. Some examples include:

"i" and; also

I ja želim čitati knjigu. *(verbatim)* Also I want to read the book.

"trebati" – shall, should; need

"vrijeme" – weather; time

"se" – myself, yourself, etc.; one (impersonal subject)

– And the list goes on.

It is useful to make a note of such words to avoid getting confused.

CONTENT - SADRŽAJ

Sastanak

Privjesak

Balkon

Vocabulary

SASTANAK

kratka priča

Kristina je presavila mali ispisani papir još jednom i pažljivo ga ugurala u unutrašnji džep sakoa njezinog muža. Poravnala je sako izvana, iako to nije bilo potrebno. Taj sako joj se oduvijek sviđao između ostalog što se nije gužvao – svijetlosivi ljetni sako dobrog kroja s modernim reverima i malim džepovima. Taj sako je voljela viđati na Mislavu – bila je ponosna što su žene bacale poglede za njezinim mužem – rijetko tko je tako dobro izgledao u sakou kao on, sakoi su ga činili mlađim a ne starijim i ozbiljnijim.

Zastala je. Onda izvadila papir i još jednom ga pročitala:

«Dragi, čekam te sutra navečer u 9 sati u hotelu «Lepeza», soba br. 225. Želim još jednu nezaboravnu noć.»

Kimnula je glavom. «Ovo mora spasiti naš brak.», pomislila je. «Muškarci prihvaćaju loš brak kao prirođeni hendikep – oni ne ulažu u brak energiju, oni se navikavaju na njega bez obzira kakav je. I Mislavu je bilo zapravo svejedno kakav je postao njihov brak: malo razumijevanja, dosta rutine, zlatna kreditna kartica za Kristinu, šutnja i tu i tamo seks. I nije se bunio. Kimao je kad mu je Kristina rekla da joj je to premalo, da se ne osjeća zadovoljna u braku i da želi nešto mijenjati, ali nije znao što bi trebalo promijeniti. Kristina mu je ponudila da odu do nekog bračnog savjetnika. Mislav je na to odmahnuo: savjetnicima idu snobovi, dokone žene i seksualno nastrani tipovi. Samo je u šali rekao: «Možemo se razvesti ako želiš.» – Ne, mi se volimo, bio je Kristinin odgovor. – «Da, mi se volimo.» – «Ali ja ne želim ovako dalje!» - Mislav je kimnuo: «Kakvu god promjenu želiš, ja sam «za». Samo mi reci što trebam napraviti.» Onda se okrenuo na drugu stranu kreveta i zaspao.

Kristina je osjećala je kako njihov brod tone polako i sigurno i vidjela je kako kapetan, njen muž, to uopće ne primjećuje. Nije htjela katastrofu. A mirisala ju je – znala je da njegovo strpljenje i napola ugašeni osjećaji neće vječno odolijevati zubu vremena. I osjećala je kako njezina potreba za zaštitom i pažnjom nije udovoljena i kako se to približava egzistencijalnom minimumu. Morala je nešto poduzeti.

Sama je otišla do bračnog savjetnika. On joj je rekao:

- Brak je veza u koju se treba ulagati. Kao u svaku vezu. Kako često se viđate s vašom najboljom prijateljicom? Sigurno svaki tjedan... Nekoliko puta? Eto vidite – vi gajite tu vezu, ulažete u nju svoju dobru volju, energiju i vrijeme. I ona funkcionira. Tako je i s brakom. Ako želite ponovo strasti i vatre u vašem braku, onda uložite nešto u to. To je kontinuirani posao. Želite nezaboravnu noć nakon osam godina braka? Nezaboravno je ono što još nikad niste napravili. Uvedite neku novinu. Nemojte očekivati da to učini vaš muž. On vjerojatno nema pojama što vi želite. Vi preuzmite inicijativu.

I tako je Kristina došla na ideju da pozove svog muža na sastanak kao da joj je ljubavnik...

Drugo jutro Kristina je, nakon što je Mislav otišao na posao, pogledala da li je Mislav uzeo sako u koji mu je ona stavila ceduljcu. Da, sakoa više nije bilo na vješalici. Zato je odmah počela razmišljati koju haljinu da izabere za večerašnji randevu. Stajala je pred velikim ormar i gledala haljine. Pjevušila je, bila je uzbuđena kao što već odavno nije bila. Tijelom su joj prolazili žmarci – povremeno bi zamišljala trenutke večerašnjeg susreta, osjećala ih je na svom tijelu, proživljavala kao male erupcije emocija, kao nagle provale kratkih orgazama. Ali onda je odbacivala te slike. Nije htjela upropastiti sastanak svojim predodžbama – kako je to često znala raditi – i onda biti razočarana. Toga je bila svjesna i to joj je Mislav znao predbacivati: ako nije reagirao na njezinu spremljenu večeru, urednu kuću i novu haljinu onako kako je ona to zamislila, optuživala ga je za nepažnju i grubost. Bila je ogorčena što on nije onako postupao kako je po njezinom mišljenju bilo normalno. Te zamke se sada klonila. Bila je spremna za novo, nepoznato, neistraženo, nepredviđeno. Samo ona i Mislav. Samo oni.

Oko podneva ju je nazvala Lea i pozvala da se nađu u gradu, na kavi. Odbila je, bila je preuzbuđena, a to nije htjela podijeliti sa Leom: ispala bi jeftina – nalaziti se s mužem po hotelima kao kakva djevojčura. Bila bi kao Lea. Da, kao Lea. Iako joj je Lea bila najbolja prijateljica, ona je upražnjavala taj način života punim plućima: svaki je tjedan mijenjala muškarce, provodila vikende po jahtama i bungalovima, prihvatila svaku mušku ponudu da skokne do Graza ili Trsta i tamo prespava s njim u skupom hotelu. Kristina je osuđivala taj način života, bez odgovornosti i ozbiljnosti, ali nije nikad imala hrabrosti da joj to kaže. Zato se s Leom nikad nije upuštala u diskusiju što je to život i što je to zajednica – tolerirala je njezine priče kao priče kakve šiparice koja s nekim mora podijeliti svoje najsvježije iskustvo. Tolerirala je njezin stil života jer je Lea u sve ulagala bezazlenost i smijeh. Za nju su veze bile slatke avanture i uživala je u njima bez puno razmišljanja. Kako je koja došla, tako je prošla, bez kajanja i bez žaljenja. A ono što za Kristinu nije smjelo biti u nekoj vezi bile su upravo lakomislenost i nevjera.

Za Kristinu odnos je bio kao strastveno igranje karata. Potpuna predanost dušom i tijelom. I tu igru Kristina je dobila: kad je prije devet godina počela raditi za Mislava, uložila je sav svoj šarm i zavodljivost. Kao njegova sekretarica to nije bio lak posao. Jer zna se za što služe sekretarice svojim šefovima, van ureda. To je bilo balansiranje na trapezu – uspjeti zavesti oženjenog šefa, ali ne da mu postane ljubavnica već ozbiljna partija a da pri tome ne ispadne beskrupulozna brakolomnica. I uspjela je uz puno sreće – završili su u krevetu tek onda kad se Tomislav odselio od svoje bivše žene. Ubrzo ju je oženio. Sve to je pogladilo njenu savjest – bila je nevina i čista. Bio je to dobro obavljen posao. Osim toga – to što je bila udana za bogatog muškarca i nije trebala raditi kao sekretarica, bila je još jedna dobra okolnost. Ona je za njega bila izuzetan «trofej», žena izuzetnog tijela. Možda to zvuči seksistički, ali to je za Kristinu bila jedina ispravna poredba. Ona nije imala ništa protiv takve poredbe. Lea joj je znala reći da je «perfektna domaćica» uz osmijeh koji je ličio na porugu. Ali to je bio samo znak da i Lea prihvaća prijateljstvo s Kristinom kao «sklop okolnosti».

No sada se Kristina nije htjela upuštati u brbljanje sa Leom jer bi ova već uspjela izvući iz nje što je navečer namjeravala raditi – morala bi joj priznati da je i ona posegnula za onim što je bilo ispod njezinog nivoa.

Poslijepodne ju je nazvao Mislav:

- Neću moći doći večeras kao obično. Imamo sjednicu upravnog odbora, to će potrajati. Kad će završiti, ne znam, ali prije osam neće.

Kristina se uzbunila:

- Hoćeš doći do devet?

- Zašto?

- Pa... tako.

- Kažem da ne znam do kada će to potrajati.

«Nije našao moju cedulju!...»

Mislav je završio nestrpljivim tonom:

- Javit ću ti se kad budem gotov. Može?

Kristina je bila razočarana:

«I što sada? ... Ovo je sad zbilja bezveze! Nema pojma za sastanak... Glupost. Baš sam napravila glupost! ... Trebala sam mu bar natuknuti da imam neki plan. Tajni plan. - Samo onda ne bi više bio tajni plan... Koji je on tukac! Da ne može shvatiti neki znak kod mene, da ga ne može pročitati! Pa zna me kao svoj džep... Zašto moram praviti predstave da bih spasila naš brak? U kojem je on jednako kao i ja. Ja se ubijam za našu stvar, a on - kao vreća! Zar je toliki mutavac da ne može inzistirati da me pita zašto želim znati kad će doći kući? Toliko ga malo interesiraju moje misli? ... A što se ja čudim? Kao da muškarce interesira nešto dalje od njihovog nosa? Samo da im je udobnosti. Što im fali? Imaju sve što požele i kako požele. Igraju se posla, zabave se sa ženom kad im se hoće, rade što im je volja. Odgovornost? Briga imaju onoliko koliko si dopuste. To nije moja izmišljotina. To je jednostavno tako. Trebaš im pokazati prstom ili nacrtati da bi shvatili što netko hoće od njih. Kao da su mentalno zaostali.

Nisam ja prva koja je to shvatila. Samo što si to nisam htjela priznati. Govorila sam si: nije moj Mislav takav! Ma ne, nije! Sad vidim da sam se zeznula. On JESTE takav ... Koja sam ja budala. Kako gradim šarenu lažu od mog muža...»

Frustrirana Kristina je uzela haljinu koja je ležala na krevetu i bijesnim je pokretom zavitlala u otvoreni ormar.

Mislav je došao u ponoć. Mirisao je na alkohol i bio je dobre volje:

- Otišli smo popiti još po piće. Vižić nas je pozvao, taj inače ne zove na piće, pa samo svi htjeli vidjeti kako to izgleda kad glavni šef zove...

Skinuo se polako i sa smiješkom. Kristina je sjedila na krevetu, namrgođena, šuteći. Kad je legao, Kristina je ustala. Htjela je dati nekako oduška svojoj zlovolji i učinila ono što je znala raditi kad je bila frustrirana – pospremala je stvari. Uzela je košulju s poda koju je Tomislav bio spustio i gužvajući je u ljutito u rukama, odnijela je u kupaonicu. Kad ju je htjela baciti u košaru za prljavo rublje, pogled joj je zapeo za okovratnik. Na njemu se ocrtavao roza ruž.

Zastala je na trenutak, i onda se bez razmišljanja vratila u sobu:

- Mislave, šta je ovo?

- ... Koje?

- Ovaj ruž na okovratniku.

- Gdje? – čuo se njegov bunovan glas.

- Kako gdje? Ovdje! Što je to? ... Imaš ljubavnicu?

Mislav se uspravio, pogledao košulju, a onda se počeo kikotati kao da je ispričala dobar vic:

- Ljubavnicu? ... Ta ti je dobra! Ti zbilja misliš da sam Superman? Da uz sav moj posao mogu imati i ljubavnicu? ... Ti zbilja imaš visoko mišljenje o meni.

- Odakle taj ruž?

- To je tvoje djelo, draga. Tvoj ruž. Ta je košulja bila ujutro na stolici, a to je košulja od prekjučer. Nisi mi ostavila novu, a prekjučer si se cijelim licem prislonila na moj vrat.

To je bila istina. Kristina mu je naredila da je zagrli kad se vratio s posla. Nedostajao joj je zagrljaj i to je htjela imati bez obzira na koji način.

- Na poslu su svi dobro iskomentirali moju kragnu. Da si tako podižem muškost kad idem pokazivati tragove svoje potencije.

Kristina je bila poražena. Tiho je rekla:

- Sutra ćeš dobiti novu košulju.

- Znam ljubavi, znam, – rekao je Tomislav padajući u san.

Drugo jutro zazvonio je telefon kod Kristine. Bio je to Leon, njezin susjed.

- Dobro jutro, susjed... Ne, niste me probudili... Hvala, dobro. Vi?... Da dođem na kavu kod vas?... Vrlo ljubazno, ali već sam u poslu... U kojem poslu?... Pa, već sam krenula prati veš... Ne, ne trebate doći na kavu kod mene, ja sam već naime popila kavu... Da, možda se poslijepodne vidimo na kavi. Ako ću biti kod kuće... Naravno... Hvala lijepa... Doviđenja...

Kristina je otišla u kuhinju i napravila si je kavu. Leonu je naravno lagala da je popila kavu. Nije htjela piti s njim kavu jer je taj stariji momak očito previše bio zainteresiran u nju i njegova pažnja i skakutanje oko nje nije joj uvijek godilo. Bio je, za razliku od Mislava, vrlo uslužan, uvijek dobre volje i gledao ju je sjajnih očiju kao kakav školarac, ali te iskre su frcale samo s njegove strane, ne i s njezine. On je doduše izgledao kao maneken, visok, mršav, uvijek dotjeran, k tome još i bogat i s dobrim manirima. Ali... Ne, ne, ipak ne. On je ipak bio stariji od nje više od dvadeset godina... Tja, ako bi on bio jedina mogućnost za udoban i siguran život, hm... Kako ljudi kažu: «Nikad ne reci nikad.»

Odmah nakon Leona nazvala je Lea:

- Bok, Lea... Evo, spremam se prati veš, imam Mislavove košulje, a trebam i peglati... Htjela sam sve odnijeti u praonicu, ali oni rade to jako loše. I dok sve odnesem, platim benzin tamo i nazad, i još nisu uvijek ispeglane kako treba, to mi sve ide na živce, a i Mislav se buni, on voli fino ispeglane košulje. A da ti priznam, i ja volim kad mi je muž dotjeran, ipak je on ogledalo žene. Nismo siromašni, ali to ne znači da se možemo razbacivati s novcem... Možemo se sutra vidjeti na kavi, ionako moram u grad, trebam obaviti par kupovina... Tko je Roger? ... Nisam ni sumnjala da dobro izgleda, i da je bogat... Gdje ste bili na večeri? ... U «Lepezi»? ... Vidjela si Mislava prekjučer u «Lepezi»? ... U koliko sati? ... S kim je bio? ... Da, ima kćer iz prvog braka. Čudno, nije mi rekao da će se naći s njom. Zove se Vedrana, to sam ti možda jednom rekla. Nema neki kontakt s njom, njegova bivša žena ne dozvoljava da se mala nalazi s ocem, pa se tek tu i tamo znaju vidjeti nasamo. Ja sam ju vidjela samo par puta. Drago dijete... Da, zgodna curica... Ne, Vedrana nema crvenu kosu... Da, možda se ofarbala... Nije manekenka, zašto pitaš? ... Ovaj, nema veze, sve je u redu, to mora da je bila neka od kolegica s posla, jučer su imali poslovni sastanak, cijeli tim, imaju novu sekretaricu, vjerojatno je ona... Ma da, to je sigurno bila nova sekretarica, da, ona ima crvenu kosu... Mislim da se zove Lidija... Ah, što bi izbrbljala, mi nemamo tajni jedan pred drugim... Okay, čujemo se... Bok...

Kristina je spustila slušalicu. Bila je blijeda kao kreč – ovo je bio udarac ispod pojasa.

«Ljubavnica!»

Ta riječ joj je odzvanjala u nutrini kao posmrtno zvono.

«Ljubavnica!»

Reski odjek je bio tako snažan u njezinoj glavi da su joj noge otkazale poslušnost, i ona se, kako ispuhani balon, složila na pod. Nije znala da se i stvarno može dogoditi misao «izgubiti tlo pod nogama».

Sinulo joj je kao bljesak:

«On je našao moju poruku i mislio je da je to poruka od ljubavnice! ... Što sam napisala? «Želim još jednu nezaboravno noć!...»

Sjela je na krevet i razmišljala.

Ne, Kristina nije htjela prihvatiti poraz. Ona ne. Ona koja je uložila puno energije da dođe do ovog braka. Ne, to tako u ne smije završiti. Samo njezina riječ može biti zadnja, ničija više.

Kristina je uzela svoj mobitel i nazvala Leona, susjeda. Nakon vrlo kratkog se javio njoj poznati glas.

- Dobar dan, Leone... Znate, predomislila sam se. Ako vaša ponuda još uvijek vrijedi, rado bih došla do vas na kavu. Odlučila sam da perem veš sutra, a ne danas. Danas je vrlo lijep dan, baš bi bilo lijepo popiti kavu na vašoj lijepoj velikoj terasi. Za sutra predviđaju loše vrijeme, pa onda mogu biti sutra u kući i prati veš... Recite, je li vaš bazen već u pogonu? Može se kupati u njemu?... Super. Mogu onda poslije kave napraviti kratku rundu u bazenu, zar ne?... Hvala vam. Ja ću onda odmah obući kupaći kostim. Mora se ovo sunce iskoristiti, zar ne?... I vi ćete se okupati u bazenu? Odlično... Drago mi je... Eve mene odmah do vas... Bokić!

Kristina je otišla do ormara i otvorila ladicu s kupaćim kostimima. Imali ih je tucet, među njima nekoliko vrlo seksi i uzela je onaj koji je najmanje skrivao. Pomislila je: «Ako je Mislav na nešto slab, onda je to moje tijelo... Dovoljno je da se pojavim golišava na bazenu poznatog playboya i on će na to morati reagirati. Naše susjedstvo je vrlo malo, a tračevi vrlo veliki... Da... Svako ima svoje slabosti. I svoja oružja. Ako se ne možemo dogovoriti, možemo se mjeriti tko je jači. Jer najviše čovjek želi ono što je nedohvatljivo. Zar ne, dragi moj?»

Kristina je obukla kupaći kostim, pogledala se u ogledalo i zadovoljno kimnula glavom. Kupaći kostim joj je stajao kao saliven.

Nasmiješila se i pomislila:

«Da, dragi, brak je investicija. Samo tko u njega ulaže, taj i profitira... A ja sam previše u njega uložila, da bih sad tek tako odustala od svoje investicije.»

Dok je sjedila kraj bazena, a Leon otišao napraviti limunade, zazvonio je njezin mobitel. Bio je to Mislav. Kristina se opet zadovoljno nasmiješila:

- Bok, dragi... Kod susjeda sam.. Zato što mi je pozvao na kupanje... Kako to misliš – tko je još na bazenu? Nitko nije na bazenu. Samo on i ja... Vruće je, a on ima bazen... Jesi ti to ljubomoran, dragi?... A što da radim inače? Ne mogu samo rintati po kući dok tebe nema. Imam i ja pravo na pauzu, zar ne?...

Da, navečer ću biti kod kuće. Zašto?... Tko će doći na večeru?... Vedrana? Zašto će ona doći na večeru?... Naravno da tvoja kćer može uvijek doći kod nas na večeru, to nije pitanje, pitanje ja kako da to da ona dolazi... Nisi mi rekao da ste se vidjeli. Kad ste se vidjeli?... Prije tri dana u «Lepezi»?... Interesantno. Lea mi je rekao da te je vidjela s nekom crvenokosom... Vedrana je ofarbala kosu u crveno?... I zašto mi to nisi rekao?... Naravno da sam ljubomorna: prešućuješ mi sastanak s nekom crvenokosom i onda se čudiš što sam tako sumnjičava... Samo mene voliš?... Ah, kako je to lijepo za čuti, dragi... Naravno da i ja jedino tebe volim... No dobro, bit ću kod susjeda samo pola sata... I molim te, dođi kući pola sata ranije. Može?... Želim da mi pomogneš oko večere... Za vikend? Ne, nemam planova za vikend... Da, mogli bismo otići u Opatiju. Dugo nismo bili nigdje za vikend... Da, jako bi me veselila Opatija... Može, rezerviraj hotel... U redu... Pusa... Naravno da te volim... Bok, dragi...

PRIVJESAK

kratka priča

Sudski službeni auto se zaustavio ispred prizemnice u mirnoj uspavanoj četvrti. Iz njega su izašli istražni sudac Filipović i mlada zapisničarka i uputili se preko travnjaka prema kući. Da jedan mladi policajac nije otvorio vrata, svatko bi pomislio da je sudac došao na pogrešnu adresu: ništa nije odavalo da on tu ima posla – nisu se čuli uzbuđeni glasovi iz kuće, nije bilo okupljenih znatiželjnika, djeca su se mirno igrala u susjednom dvorištu, bešumno bi prošao pokoji auto. Kao da je bilo najobičnije nedjeljno poslijepodne.

Filipović je ušao u prostrani svijetli hodnik. Prvo što mu je upalo u oči bile su fotografije po zidovima. Na svakoj od njih, a bilo ih je oko dvadesetak, bila je postarija žena sa psom, irskim seterom – na jednoj kako čuči kraj njega, na drugoj kako ga miluje, na trećoj kako mu baca štap, kako ga grli.

Ušao je u dnevnu sobu. U njoj je bio popriličan nered – stvari i knjige iz starinskih ormara i regala bile su razbacane, ladice iz politiranog sekretera bile su izvučene, papiri su ležali po podu, stolice oko malog trpezarijskog stola izokrenute, prekrivač s kauča svučen na pod. Po sobi se vrzmalo dvoje policijskih službenika - jedan je fotografirao, jedan je bio nagnut nad ladicom što je ležala na podu. Ispred staklenih vrata što su vodila u stražnje dvorište sjedili su za stolom u razgovoru mladi muškarac i žena od oko šezdesetak godina, žena s fotografija. Sudac Filipović im je prišao i obratio se muškarcu:

- Već ste počeli s razgovorom, inspektore Ivić.

Muškarac je ustao i pružio mu ruku:

- Došli smo maloprije, prije deset minuta.

- Dobro, dobro, nemam ništa protiv. Ja sam se zadržao kod jednog ubojstva duže no što sam mislio...

Inspektor mu je pokazao na ženu:

- Ovo je gospođa Sonja Rupnik, živi u kući, - onda se obratio ženi. – Istražni sudac Filipović će vam dalje postavljati pitanja.

- Recite mi, gospođo Rupnik, što se dogodilo?

Žena je počela uzbuđenim glasom:

- Danas ujutro izašla sam u šetnju kao i svake nedjelje. Prođem našim kvartom sve do parka, tamo se odmorim, a onda odem autobusom do groblja da promijenim cvijeće mojem pokojnom. Vratila sam se oko dvanaest sati kao i obično i otključala vrata stana. Vidjela sam ovo što i vi sada vidite – jednom riječju – užas! Bilo je strašno i gadno sam se uplašila. Ali mi je odmah sinulo da je provalnik možda još uvijek u kući. Na prstima sam izašla iz stana i onda dugo zvonila na vratima. Sve dok nisam bila sigurna da je, ako je i bio unutra, već otišao. Tad sam otišla do kućnog telefona da vas nazovem. Kraj telefona je ležao ovaj papir.

Žena je pokazala na papir na kojem su bila neuredno nalijepljena slova izrezana iz novina: „AKO NAZOVEŠ POLICIJU, MRTVA SI“.

Sudac je bacio pogled na papir i rekao inspektoru:

- Vaš je.

Inspektor se okrenuo jednom od službenika koji su radili po sobi:

- Kolega Benić, ovo ide u obradu.

- Imate li mobitel? – upitao je Filipović.

- Ne, nemam, to je prekomplicirano za mene. Kućni telefon je dovoljno dobar za mene.

- Što je bilo zatim?

- Za petnaest minuta stigla je patrola. Ispričala sam im što se dogodilo i oni su bili sa mnom sve dok vi niste došli.

- Nije ništa dirano?

- Ne, nije, ti policajci su rekli da se ne smije ništa dirati dok vi ne stignete. Ja znam da se ništa ne smije dirati i nisam ništa ni dirala. Jako sam se, znate, uzrujala, bio je to šok za mene. Ja živim već dugo sama i nikad mi se ništa sličnog nije dogodilo.

- Koliko dugo živite sami?

- Već sedam godina sam udovica.

- Imate li djece?

- Ne, nismo imali.

- Recite mi da li imate vrijednosti i dragocjenosti u kući?

- Novaca nemam, držim sve na banci. Imam kutijicu s nakitom i to sam odmah, čim su ovi policajci došli, išla pogledati. Nestala je.

- Što je bilo u njoj?

- Bila su dva vjenčana prstena, zlatni lančić s medaljonom i jedan veliki dijamantni privjesak u obliku srca. Sve su to bili pokloni mog pokojnika i sve je nestalo.

- Je li znate otprilike koju bi to imalo vrijednost?

- Prsteni i lančić imaju uobičajenu vrijednost, to se može provjeriti u nekoj zlatarni, ali taj privjesak je izuzetno vrijedan

– „hercšlif" briljant od četiri karata, poklonio mi ga je suprug za naš srebrni pir i dao je za njega svu ušteđevinu.

- Recite mi, dobili ste prijetnju. Tko bi vam mogao prijetiti? Jeste u zavadi s nekim?

- Nisam u zavadi ni s kim. Moja sestra živi u Kanadi, od muževe rodbine živi samo njegova nećakinja s mužem na drugom kraju grada. Nazove tu i tamo da pita kako sam, ali se nikad ne posjećujemo.

- Prijatelji, poznanici?

- Imam prijateljicu s kojom igram kanastu, gospođa Šimić, živi dvije ulice odavde. Srijedom poslijepodne kod nje se skuplja društvo, nas nekoliko i kartamo do sedam sati. To su uglavnom naši vršnjaci, penzioneri, znamo se već godinama. Znate, gospon sudac, moj život je jednostavan. Prijepodne idem u trgovinu, poslijepodne odrijemam, navečer čitam ili gledam televiziju, srijedom odlazim na kanastu, vikendom u šetnju i na grob pokojnika. Ne pijem, ne pušim, navečer ne izlazim. Ponekad me uhvati išijas, pa mirujem, cijelo ljeto provodim u vikendici na moru.

- Jeste li primijetili da li je još što nestalo iz kuće?

- Osim tog nakita nemam ništa drugo dragocjeno u kući. Ali da li je još nešto nestalo, to ne znam. Nisam ništa drugo provjeravala jer nisam ništa htjela dirati dok vi ne dođete.

- Recite mi, kad ste se danas vratili sa šetnje, da li ste mogli normalno otključati vrata?

- Da, potpuno normalno.

- Ključ nije zapinjao, brava nije bila oštećena?

- Ne, ništa. Možete misliti kako sam se šokirala kad sam ušla u kuću!

- Da li još netko osim vas ima ključ?

- Imaju susjedi do mene. Gospođi Klari sam prije tri godine dala ključ od kuće da pripazi na nju dok sam ja na moru i da uvijek bude jedan u rezervi ako svoj izgubim. Ona je mlada i savjesna žena, zaista uvijek pripazi na kuću dok mene nema. Htjela mi je već davno vratiti ključ, ali sam je molila da ga zadrži. Dobre smo, ona me dođe svaki drugi dan pogledati, da li mi što treba, popijemo kavu ponekad. Doselila se s mužem i dvoje djece prije šest godina u naš kvart.

- Sad mi recite, tko osim vas zna gdje držite nakit?

- Zna gospođa Šimić i zna Klara.

- I uvijek ste držali kutijicu s nakitom na istom mjestu?

- Uvijek je držim u prvoj ladici komode. Prije tjedan dana sam je premjestila.

- Zašto?

- Taj dan bila bi naša godišnjica braka pa sam izvadila kutijicu da pogledam nakit. Tad je naišla Klara i njoj sam pokazala privjesak.

- Kako je ona reagirala?

- Ah... kako? – izraz lica žene naglo se promijenio – Na privjesak je dobro reagirala, jako joj se dopao...

- ... Ali?

- Ma cijeli taj razgovor mi je bio čudan, nije mi se sviđao. Pokazala sam joj privjesak, ona se zagledala u njega i rekla da sigurno vrijedi cijelo bogatstvo. Onda me je iznenada pitala da li joj mogu posuditi novaca. I to vrlo veliku svotu. Ja imam nešto ušteđevine na banci, ali ni približno toliko koliko je ona tražila. Upitala sam je za što treba toliko puno novaca. Rekla je da žele kupiti auto, ali da nemaju dovoljno. Dečki trebaju uskoro u gimnaziju, ona je daleko od našeg kvarta pa ih treba voziti. No, rekla je to nekako mucajući i crveneći da sam odmah shvatila da nije to na stvari. Upitala sam je da li joj muž ima novčanih problema. On se, znate, bavi uvozom i izvozom, ima ured blizu Trga. Što uvozi i izvozi, sam bog zna, to mi Klara nije htjela reći kad sam je jednom pitala. Ali vjerojatno se bavi svim i svačim. I to uspješno, bar do zadnjeg vremena – kuću su kupili gotovinom, namještena je kao u kakvom filmu, djeca joj svake godine odlaze na ljetovanje u Englesku, a sve za kuću kupuju vani.

Onda mi je priznala da imaju veliki dug, muž joj je ušao u nekoliko poslova koji se nisu isplatili. Podigli su hipoteku na kuću i sad su istekli zadnji rokovi, prijete da im uzmu kuću. Ja sam joj rekla da bih joj pomogla, ali da je moja mirovina premala da bih se mogla samo na nju osloniti, ušteđevina je sve što imam od sigurnosti. Ona me je uvjeravala da će mi za tjedan dana vratiti novac, njenom mužu par ljudi duguje novac što im je posudio uz kamate. Ja sam joj rekla da se mogu raspitati za nekog poštenog privatnika koji posuđuje novac.

Onda me je upitala da li bih mogla založiti privjesak. Ja sam joj rekla da ako i založim privjesak, niti ću dobiti toliko novca koliko on vrijedi niti će im ta svota pomoći. Osim toga to i ne bih mogla učiniti jer mi je to najdraža uspomena na pokojnika. Na to mi je ona hladno rekla da sam je strašno iznenadila. Da bi joj mogla pomoći, da imam čime, ali da ne želim. Onda je otišla. I otada je nisam vidjela.

- Kad je ona otišla, privjesak ste vratili u kutijicu?

- Da, vratila sam ga nazad i kutijicu premjestila u ladicu kuhinjskog stola. Za svaki slučaj.

- Da li vas je otada posjećivala?

- Nije. Klaru sam dva puta vidjela u njezinom dvorištu. Pozdravila me je kratko i odmah ušla u kuću.

Sudac se okrenuo inspektoru:

- Imate li vi kakvih pitanja?

- Imam jedno. Ova vrata što vode u stražnje dvorište sad su otvorena. Da li su bila otvorena kad ste ušli u kuću?

- Bila su zatvorena. Jedan od policajaca ih je otvorio jer sam trebala zraka. Bila sam, kažem vam, u šoku.

- Dobro gospođo, - rekao je sudac Filipović ustajući – Dalje će inspektor obaviti još što ima. On će voditi policijski dio posla, pa kad bude završen doći ćete na sud da date izjavu kod mene. Za to ćete dobiti poziv...

Filipović je prošetao po sobi, a onda se obratio inspektoru:

- Ja dalje ne mogu ništa napraviti. Stavit ću zabilješku da se prijetnja daje na kriminološku obradu. No, ne vjerujem da će se išta naći na papiru. Što je s ostalim prostorijama?

- Sve je uredno, moji ljudi će pogledati otiske. Gospođa će još provjeriti da li što nedostaje. Onda ćemo porazgovarati sa susjedom da vidimo što ona kaže. Imala je ključ i trebao joj je novac, po riječima gospođe. Provaljivano nije – dakle, upotrijebljen je ključ i prevrnuta je samo ova soba – u njoj je inače stajala kutija s nakitom. To je sve znala susjeda.

- Što je s prijetnjom?

- Mislim da nije ozbiljna. Ukradeno je sve što je imala, više se nema što ukrasti. Mislim da se htjelo dobiti na vremenu. Iako takve stvari ne treba podcjenjivati.

Sudac je dodao:

- Još ću pogledati sobe pa sastaviti zabilješku. Nadam se, zadnju za danas. Danas je bilo naporno u mojoj smjeni.

Sudac je otvorio prva vrata i ušao u spavaću sobu. Bila je jednostavno namještena, s bračnim krevetom, ormarom za garderobu i komodom s ogledalom. Iznad kreveta visjela je uvećana fotografija irskog setera. Pas je ležao glave položene na prednje šape i gledao u objektiv.

Sudac je izašao iz sobe i ušao u drugu, pokrajnju sobicu. To je bila neka vrsta ostave - kutije sa sitnim alatom, koferi i torbe na policama, daska za glačanje, usisivač, metle i kojekakve sitnice. Izvukao je kutiju na kojoj je pisalo: „Fotografije“. Pridignuo je rub poklopca i ugledao nabacane fotografije irskog setera. Prodrmao je kutiju i fotografije su se pomaknule - na svakoj je bio pas ljubimac. Vratio je kutiju na mjesto, zatvorio ostavu i vratio se u dnevnu sobu.

- Recite mi gospođo Rupnik, gdje je vaš pas?

Žena ga je tužno pogledala:

- Princ je uginuo prije pet godina.

- Na zidovima vidim samo fotografije psa. Kako to da nemate niti jednu fotografiju vašeg supruga?

- Možda vam je teško shvatiti usamljene ljude, ali... Bio mi je, naravno, veći gubitak smrt supruga nego Princa. Ali da samo pokojnika gledam na slikama, ne bih mogla izdržati.

Sudac je kratko kimnuo, a onda se okrenuo sekretarici:

- Možemo onda sastaviti zabilješku ...

Dva dana nakon toga zazvonio je telefon kod gospođe Rupnik. Bila je to njezina prijateljica, gospođa Šimić.

- Pa zašto mi nisi rekla da si imala provalu u kući?! –

rekla je uzbuđeno. – Sad je bio kod mene nekakav inspektor Ivić i rekao mi je da su provalili kod tebe. Pa zašto mi nisi javila?

- Nisam te htjela uzrujavati – govorila je žena mirnim glasom. – Provalili su dok nisam bila kod kuće i odnijeli mi nakit.

- To me je baš pitao taj inspektor. Za tvoj nakit... Ali što da si ti bila u kući? Zamisli samo što bi ti se dogodilo?!... I što ako se vrate?

- Inspektor je postavio jednog policajca ispred kuće da pazi na mene.

- Da pazi?! Pa to znači da će se vratiti!

- To je zbog prijetnje.

- Kakve prijetnje?

- Ostavili su poruku da će me ubiti ako javim policiji.

- Isuse Bože, nemoj mi to govoriti! Pa to je strašno!

- Reci mi – smireno je nastavila ova. – Što te je pitao o nakitu?

- Pa da li znam kakav si nakit imala. Pitao me je o dijamantnom privjesku.

- I što si mu ti rekla?

- Rekla sam mu da ti je pokojni muž poklonio dijamantni privjesak za dvadesetpetu godišnjicu braka.

- I što te je još pitao?

- Da li znam gdje držiš nakit. Rekla sam da znam, ali da si mi ispričala kako si ga sklonila na drugo mjesto kad je tvoja mlada susjeda tražila da ga dadeš založiti... I još me je pitao da li sam vidjela privjesak. Rekla sam da nisam, da rijetko idem u posjete jer ne mogu hodati zbog gihta... Pa nije valjda... ?! Ta susjeda...

- ... Ne znam što da mislim...

Gospođa Šimić je promijenila ton glasa:

- Znaš, ona se meni nije nikad sviđala, ja sam ti to već rekla. Ni ona, ni njen muž. Toliko bogatstvo i to tako na brzinu, to mogu biti samo prljavi poslovi i prljave naravi. Rekla sam ti da paziš na nju.

- Ali odmah bi se vidjelo i znalo da je to mogla biti samo ona. A ona nije glupa.

- U tome i je problem, nije glupa.

- No, dobro. Ali taj inspektor Ivić, ni on mi se ne čini glup. Ne bi bio inspektor da ne zna svoj posao.

- Ta valjda zna. To je jedino što preostaje – da se pouzdaš u njega, - rezignirano je zaključila gospođa Šimić.

Mjesec dana nakon toga gospođa Rupnik je ušla u zgradu policije s pozivom u ruci. Na drugom katu je pokucala na jedna vrata, pričekala, pa kako se nitko nije javljao, ušla je. Inspektor Ivić je diktirao sekretarici, ali je isti čas prestao čim su se otvorila vrata.

- Dobar dan...

- ... Ah, gospođo Rupnik...

- Ja sam došla radi – ovdje piše – prepoznavanja predmeta u slučaju...

- U vašem slučaju, gospođo Rupnik, - nadopunio ju je inspektor pokazujući joj na stolicu.

- Je l' to znači da ste pronašli moj privjesak?

- To ćete mi vi reći. Moja suradnica će donijeti nekoliko privjesaka i vi ćete mi reći koji je vaš. U redu?

Sekretarica je otišla u drugu sobu i vratila se s kartonskom kutijom. Poslagala je po stolu privjeske sa ceduljicama na kojima je bilo nešto sitno napisano.

Bilo je osam privjesaka: dva su bila mala okrugla privjeska sa zlatnom karikom, tri su bila elipsasta oblika, ostala tri bili su veliki srcoliki privjesci. Od ta tri srcolika privjeska dva su imala zlatne okvire, jedan platinasti okvir. Žena je pokazala na zadnji, srcoliki s platinastim okvirom:

- To je on.

- Da? – upitao je inspektor.

- Da. To je privjesak koji mi je moj suprug poklonio.

- Onda je u redu. To jeste privjesak.

- A gdje ste ga pronašli?

- Kod muža vaše susjede. Tomislav Gorić.

- Kod njega?... Pa kako kod njega?! Zar je on provalio u moju kuću i ukrao privjesak?

- To još ne znamo. Poriče.

- Pa kako ste ga uhvatili?

- Priveden je radi auta koji je prijavljen kao ukraden. Vraćao se kući sa službenog puta i u autu je nađen privjesak.

- I što je rekao?

- Za auto kaže da je poklon jednog poslovnog partnera i da ga je dobio već s papirima na njegovo ime, kune se da nije znao da je ukraden. Za privjesak kaže da ga je kupio od nekog čovjeka iz Njemačke na crno, poklonio ga je ženi za godišnjicu braka i nosio ga je u banku u sef jer ga žena nije htjela imati u kući.

- A što kaže njegova žena, Klara?

- Ona je rekla da vi uopće niste imali nikakav privjesak nego da je to njezin privjesak i da je ona došla kod vas da se pohvali kako ga je dobila za godišnjicu braka.

- Da?

- Klara Gorić tvrdi da ga je ona zajedno s mužem izabrala kad su bili prije tjedan dana u Austriji i da ga je on rezervirao, pa je za nekoliko dana došao po njega.

- A račun? – upitala je žena. – Imaju li račun? I garanciju?

- Tvrdi da ga je bacila.

- Račun za dijamant od četiri karata?... I garanciju? To nitko ne baca… Vidite, ona tvrdi da su ga kupili u Austriji, a on u Njemačkoj... A čak da su ga vani i kupili, čime bi ga mogli kupiti kad nemaju novaca, imaju hipoteku na kući. Zato je i došla kod mene. Da joj posudim novac da bi mogla skinuti hipoteku.

- Otkud znate da imaju hipoteku na kući i da nije skinuta?

- Pa ona mi je to rekla, Klara. To sam vam već rekla, kad ste bili u mojoj kući. Da imaju hipoteku na kuću. I da im treba novac. A kad nisu prodali privjesak, znači da nisu ni skinuli hipoteku.

- Pola hipoteke na kući je isplaćeno. I to uredno.

- Isplaćeno?...

Žena se kratko zamislila, ali onda je nastavila:

- Aha... Ona mi je jednostavno htjela uzeti taj privjesak. S tom pričom o hipoteci me je htjela smekšati, da dam založiti privjesak pa da ga ona može otkupiti. A kad ga nisam založila, kad je vidjela da ne ide tako, na taj način, onda mi ga je ukrala.

Inspektor nije ništa rekao.

Žena je tužno pogledala inspektora:

- I zašto?

Nakon stanke inspektor je rekao:

- To je dobro pitanje, gospođo. Zašto ljudi postaju

kriminalci?

- I što će sada biti?

- Sad državni odvjetnik može pokrenuti istragu protiv Gorića, ovo je bio samo policijski dio posla.

- Onda mogu dobiti privjesak nazad?

- Bit će potreban kao dokazni materijal sve dok se ne završi istraga. Ali kad budete pozvani kod istražnog suca da date iskaz, možete ga pitati da vam ga vrati.

Žena je uzdahnula ustajući:

- Ah, bože, da mi se to dogodi u životu...

Inspektor joj je otvorio vrata i rekao:

- I kad dobijete privjesak nazad, stavite ga u sef. Vještak kaže da vrijedi pravo bogatstvo.

Gospođa Rupnik ušla je u kuću, skinula kaput i pogledala fotografije na zidu. Približila se fotografiji na kojoj je ona klečeći grlila Princa. Poljubila ju je.

Otišla je u sobu, do radnog stola i izvukla iz ladice papir. Sjela je i počela pisati.

„Dragi Prinče!

Pet godina! Pet godina smo čekali, moj Prinče!... Sad konačno možeš mirno spavati...

... Svako zlo vraća se zlim i za svako nedjelo, kazna je nedjelo. To je pravedno i to tako treba biti ...

Kome si ti smetao? Kome si ti smetao u životu da si morao biti otrovan? Nikad nisi odlazio iz dvorišta, nikad nisi tulio po noći, bio si umiljat, poslušan. Djeca su te voljela, nisi nikad lajao na susjede. Ti si mi bio sve što sam imala poslije mog pokojnika, jedino zadovoljstvo, jedina utjeha u usamljenosti, jedini prijatelj...

I morali su te otrovati! Morali su staroj ženi uzeti jedinu sreću i utjehu koju je imala!... Ali dobili su Gorići što su zaslužili. Nek' sad trunu u zatvoru. Rekli su mi da im je žao što je Princ otrovan, da im je bio simpatičan iako su ga se djeca bojala. Bojala?! Klara ih je vukla u kuću kao da je šugav. Da mi mogu nabaviti drugog psa ako želim!?... Drugog psa! Prokletnici! Kako je samo psovao kad je izlazio s autom iz garaže, da nek' moj pas ne sere po njihovom dvorištu, da mu to prlja gume na autu, pa im onda garaža smrdi...

Ali ne poznaju oni stare ljude, ne znaju kako stari ljudi dugo pamte!... Trebalo mi je snage, moj Prinče, da je pozovem u kuću, da podnesem njezin bezobrazni pogled, njezin uvredljivi smijeh, njezinu hinjenu pomoć. Gutala sam u sebi i čekala da počne pričati o sebi, o mužu, o svom životu... Čekala sam i pamtila. I to mi se vratilo. Sama božja providnost htjela je da imam mali dijamantni privjesak među nakitom, od moje pokojne mame. Mali, sićušni privjesak. Sve se poklopilo: ona mi se došla hvalisati svojim privjeskom, svojim „hercšlif" dijamantom od četiri karata što joj je muž poklonio, Šimićka je znala da imam dijamantni privjesak, ali ga nije nikad vidjela, trebala sam joj samo staviti bubu u uho da moj privjesak ima četiri karata. A na Šimićku se čovjek može osloniti, ona pamti svaki detalj. Prijetnja na papiru je uspješno pojačala efekt cijele priče – policija ne uzima uvijek ozbiljno kad se stare ljude opljačka, ali na pljačku i na prijetnju ubojstvom su morali reagirati... Čak su u svemu tome Gorići i sami pomogli: ona nije smjela reći da joj je to muž kupio u švercu, a zaboravila je da je to meni rekla. Da, Bog je htio da budu kažnjeni za njihovo nedjelo, za ubistvo moga Princa...

Tako je to bilo, moj Prinče. Sve se svakom uvijek vraća i to istom mjerom. Što daješ to i dobivaš... Jedino meni, moj Prinče, jedino meni nije ništa ostalo... Nitko i ništa... Samo uspomena na tebe ...“

Žena je prestala pisati jer su joj suze kapale po papiru. Prošla je rukom po napisanim redovima i razmazala u valovite obrise. Onda je – u jednom potezu – podrapala papir u sitne komadiće, ustala, otišla u WC, bacila papiriće u školjku WC-a i povukla vodu.

BALKON

kratka priča

Ksenija je hodala polagano jer joj je prijala topla noć, prazne ulice i blagi proljetni jugo. Zagledala bi se u koji izlog, u koje pročelje zgrade, tupo gledala za rijetkim noćnim tramvajima. Stala je ispred jedne trgovine, zapiljila se u neke cipele i razmišljala da li bi joj dobro stajale. Zijevnula je, krenula dalje, i podignula pogled prema nebu. Pomislila je kako je teško ugledati nebo u gradu: zgrade su previsoke i nitko ne upravlja pogled prema gore, svatko gleda svoja posla.

Ubrzo se u vidokrugu njezina pogleda našla njezina zgrada. Stara trokatnica, malih uskih balkona, sad bez svjetla na prozorima. Dok joj se približavala, Ksenija je promatrala balkone. Na njezinom se još od jučer sušilo rublje. Pomislila je na kako se je sigurno presušilo. Pogledala je balkon kat niže. I... zastao joj je dah.

Na ogradi balkona ležao je čovjek. Presavijen preko ograde. Gornji dio tijela visio je s balkona, bačen na ogradu kao krpa. Bio je u dugom kaputu, jedna ruka mu je izašla iz rukava, vidjelo se pola podlaktice, druga ruka se nije vidjela, bila je stisnuta pod tijelom. Ovratnik kaputa se presavinuo prema dolje i skrivao glavu. Ksenija je progutala knedlu.

Stala je i promatrala tijelo.

«Možda mu je pozlilo...»

Rekla je poluglasno:

- Oprostite!

No tijelo se nije micalo.

Ponovila je glasnije:

- Susjed!

Nije bilo odgovora.

Pogledala je niz ulicu. Nije bilo auta, nitko se nije pojavljivao. Grad kao da je izumro. Još jednom je pogledala balkon. Tijelo je i dalje bilo nepomično.

Onda joj je sinulo:

«On je mrtav!»

Ušla je u stubište i popela se na kat. Došla je do vrata stana kojem je pripadao balkon. Tu su stanovali dvoje mladih, nedavno vjenčanih. Mlada žena ju je uvijek pozdravljala na stubištu. Od Irene, susjede iz prizemlja, saznala je da je ta žena kćer nekog političara, da je iz bogate obitelji, radi kao menadžerica u nekoj dobrostojećoj firmi i da joj je muž policajac. I da je u svađi sa svojom familijom jer nije izabrala bolju priliku za muža.

Ksenija je pomislila: «A što da im kažem? ... Susjedi, na balkonu imate mrtvog čovjeka... To je totalno glupo... A što ako znaju da im je mrtav čovjek na balkonu? Ako su ga oni tamo stavili? ... Ah, pa nitko ne stavlja mrtvace na balkon! Tko ima kakvog mrtvaca, nije glup da ga ostavlja na balkonu ... Možda im je to neki rođak koji je ostao sam u stanu pa mu je pozlilo ... «

Pozvonila je.

Nitko se nije javio.

Pozvonila je još jednom.

No ništa se nije micalo.

Spustila se nazad na ulicu. Odmaknula se od zgrade i ponovo

pogledala balkon. Tijelo je još uvijek visilo preko ograde. Ruka izbačena iz rukava bila je siva poput zida zgrade. Gledala je neko vrijeme u crnu priliku.

Onda se popela u svoj stan, na kat iznad balkona s mrtvacem.

Izašla je na svoj balkon, nagnula se preko ograde i pogledala donji balkon. Sad je vidjela mrtvaca iz druge perspektive: vidjela je tamnozeleni hubertus, noge muškarca su bile u zraku, tijelo je ležalo prevaljeno na ogradu na samom težištu.

Vratila se u svoju sobu. Uzela je komad papira, zgužvala ga u lopticu i onda se vratila na balkon. Naciljala je. Loptica je pogodila leđa muškarca.

Tijelo je ostalo mirno.

Razmišljala je par trenutaka. Uzela je svoj mobitel i nazvala policiju.

Dok je čekala da netko dođe od policije, vratila se na balkon. Još jednom je pogledala na donji balkon. Ali... tijela više nije bilo! Nestalo je. Balkon je bio potpuno prazan.

Nagnula se još više.

Ne, oči je nisu varale – balkon je bio prazan. Zgranuto je rekla poluglasno: «Pa bio je ovdje! ...» U kutu balkona ugledala je bijelu lopticu. Njezinu kuglica papira.

Osjećala se glupo.

Ksenija je objasnila policijskoj patroli, crveneći, da se radi o nesporazumu, da je ulična rasvjeta bacala sjenu baš na taj balkon, da nema nikakvog leša, da joj je žao što ih je uznemiravala, da je to valjda od umora, da je dugo radila i tako, ni njezin vid nije kao prije. Jedan od policajaca je pozvonio na vrata kojemu je pripadao balkon s nestalim mrtvacem, ali nitko se nije javio.

Drugi policajac je otišao na njezin balkon i pogledao donji balkon. Balkon je i dalje bio prazan. Još jednom se ispričala dok su odlazili. Još je čula njihove glasove i onda se sve umirilo.

Legla je izmorena, kao prebijena.

Kad je drugo jutro izlazila iz zgrade Ksenija je srela Irenu. Ova je vukla dva velika kofera i pozdravila je s uzdahom – da je baš u stresu, da bi joj baš godila kava, ali da nema vremena jer odlazi s bendom na turneju u Njemačku i onda poslije u Holandiju, na tri mjeseca, sve je ugovoreno na brzinu, honorar je ogroman, iako ne voli sve tako na brzinu i navrat-nanos.

- Znaš, dogodila mi se čudna stvar – rekla je Ksenija. – Za smijati. Znaš one susjede iznad tebe? Onu mladu i njenog muža policajca? E, na njihovom balkonu sam sinoć vidjela tijelo prebačeno preko ograde. Zapravo, nisam vidjela, učinilo mi se da sam vidjela.

Irena se uozbiljila:

- Kad si to vidjela?

- Negdje oko ponoći.

Irena je uzvratila bez daha:

- Znači, i ti si vidjela?

Ksenija ju je netremice gledala, a Irena je nastavila:

- Ja sam se vraćala s probe, bilo je oko jedanaest-pola dvanaest. Bog zna zašto sam pogledala gore. I vidjela, bože, bilo je strašno, smrznula sam se od straha, vidjela sam mrtvaca kako visi s balkona. Mrtvog čovjeka, načisto mrtvog. Viknula sam: «Gospon!» A on niš. Ležao onako grozno kao u horor filmovima. Samo što mu krv nije kapala na ulicu. Mislim, nije, ali tak kak da je. Stresla sam se od užasa. I ništa, pobegla sam u stan. Što ću mu sad ja? Ak' je mrtav, mrtav je, ja mu više ne mogu pomoći. Valjda ovi mladi gore znaju da im je mrtvac na balkonu, tak sam si mislila. To je njihova stvar, na njihovom je balkonu.

- Ali ako si i ti vidjela mrtvaca na balkonu, onda to trebaš reći policiji.

- Policiju? – začudila se Irena. - Bože sačuvaj! Ja i policija smo na «Vi», daleko im dobra kuća. Što da im ja govorim gdje ima mrtvaca, to je njihov posao, nek' si oni sami traže mrtvaca. Osim toga, sad nemam vremena, moram na put. Ne mogu sve jednostavno otkazati i reći nek' sve pomaknu za par dana. To ne ide. A lova je super. – Irena je raširila ruke. - Žao mi je..., - pa se nasmijala – ali ako drugi put vidim mrtvaca...

Taksi se zaustavio ispred njih i dok je taksist ubacivao kovčege u prtljažnik, Irena je još dodala:

- Ma što si razbijaš glavu, nisi ti dužna voditi brigu o tuđim problemima. Tako čovjek duže živi.

Ksenija je ostala stajati na ulici i mahnula Ireni pri odlasku:

«Ali ovdje se ne radi o tuđim problemima. Ovdje je pitanje tuđeg života. To je ozbiljna stvar. Čovjek mora imati suosjećaj za drugog...»

Ušla je u zgradu, popela se na prvi kat i pozvonila na vrata stana kome je pripadao balkon. Vrata su se sad otvorila. Na njima je stajao muškarac neobrijana lica, podbulih očiju i zlovoljnog izraza lica. On ju nije pozdravljao na stubištu, uvijek je izgledao narogušeno, ljutito.

- Dobar dan. Oprostite susjed što smetam. Ja sam, znate, susjeda sa gornjeg kata.

Muškarac ju je odmjerio od glave do pete. Ali nije ništa rekao, nije joj ni odzdravio.

- Radi se o glupoj stvari. Jučer kad sam bila na svom balkonu, nagnula sam se preko ograde i, ovaj, jedna mi je leća ispala iz oka. Na vaš balkon.

Muškarac je šutio.

- Ako bih mogla pogledati na vaš balkon. Znate, nemam rezervne leće.

Muškarac je konačno progovorio. No to je zvučalo kao da je zarežao:

- Sinoć vam je pala leća na moj balkon i vi biste sada na njega?

Ksenija se glupavo nasmiješila:

- Da, ako nemate ništa protiv...

- I iako nemate leću na oku, želite tražiti komadić stakla na mojem balkonu? – odvratio je muškarac naglašavajući svaku riječ.

- Hoćete mi pomoći? – usudila se Ksenija.

Muškarac ju je ledio pogledom. Onda se odmaknuo od vrata i pustio da uđe. Ksenija je nesigurno zakoračila u stan. Muškarac je krenuo u sobu, ona za njim. Otvorio je vrata balkona i pustio da uđe na prazan balkon.

Ksenija je čučnula i počela rukama pipati po podu. Oči joj nisu pratile ruke – gledala je da nađe bilo kakav znak, bilo kakav trag tijela koje je jučer bilo na balkonu. Njezine kuglice papira više nije bilo na balkonu.

- Nema leće. Možda nije ni pala na balkon. Možda se odbila od ogradu i pala na ulicu.

- Je l`? – uzvratio je muškarac. – Što to sad treba značiti?

Ksenija se uzmucala:

- Ovaj, znate, nisam vidjela gdje je točno pala, mogla je pasti i, ovaj, na ulicu. Bilo je već mračno, ja sam se nagnula, da vidim, ovaj da pogledam tko to viče po ulici. Nekakva dječurlija...

- Ali ste došli na moj balkon to provjeriti? – muškarac je podignuo glas pun podrugljivosti.

Ksenija je ušutjela. Muškarac je koraknuo prema njoj. Sad je shvatila u kakvoj je glupoj situaciji: nije poznavala tog čovjeka, a bila je u njegovom stanu. I to svojom voljom.

- I što ćemo sada? – oči su mu čudno svijetlile.

Ksenija je mjerila prostor između njega i stola. Bilo je usko, ne bi mogla pobjeći iz sobe.

Muškarac se uhvatio za svoj remen, ustobočio se ispred nje i ponovio s cinizmom:

- Što ćemo sada? ... Ha?

Ksenija je pomislila kako je bilo vrlo glupo da je ušla u stan na čijem je balkonu vidjela leš. Leš koji je nestao.

- Dođite bliže, – rekao joj je zapovjednički.

Ksenija se ukočila od straha.

Kad je vidio da se ne miče s balkona, zlobno se nacerio i krenuo k njoj.

U tom času začulo se otključavanje vrata.

Muškarac je zastao, Kseniji je srce prestalo kucati.

U sobu je ušla mlada crnomanjasta žena s vrećicama u rukama. Pogledala ih iznenađeno, a onda se nasmiješila:

- Imamo goste, dragi?

Ksenija je povratila dah. Zabrzala je:

- Dobar dan, susjeda! Znate, glupa stvar, pala mi je leća na vaš balkon i došla sam je potražiti, ali je nisam našla. Sad moram ići.

Provukla se uz muškarca i pohitala k ulazu. Mlada žena ju je pokušala zaustaviti:

- Ah, susjeda! Ne trebate bježati, možemo popiti kavu.

- Možda drugi put. – odvratila je Ksenija zatvarajući ulazna vrata kao tat.

Kad je uletjela u svoj stan, zaključala se i naslonila na vrata teško dišući.

Strah joj je kucao u svakom dijelu tijela.

Kad joj se krv u žilama otopila, posegnula je za kutijom cigareta koje bi tu i tamo znala zapaliti i željno povukla dim.

«Mogao me je ubiti!» – pomislila je. - «Mogla sam završiti kao onaj na njegovom balkonu! Ja sam zbilja luda! Koji me je vrag tjerao da idem na njegova vrata?! ... Trebala sam pozvati policiju pa neka se oni s njim raspravljaju. S luđakom! ...» Ksenija je zastala: «Bože, pa što ja to pričam? Pa on je policajac!»

Sjedila je još neko vrijeme bez snage da dalje razmišlja. Kad je ugasila drugu cigaretu, stresla je glavom kao da se trezni od svojih misli. Ustala je i rekla poluglasno:

«Sve mi se to samo pričinilo. Bilo je tamno, bila sam umorna i nije bilo svjetla... »

Još neko vrijeme je hodala po stanu ne znajući što da započne. Na kraju je ustanovila da se treba spremati na posao. Bacila je pogled na ulicu. I ostala zapanjeno stajati: muškarac s donjeg kata, luđak, uvlačio je u kombi veliku dugačku kutiju. Kutija dužine lijesa... I to vrlo tešku. Mučio se da je digne do zadnjih vrata na autu.

«... Pa ne može biti drugo! Ne, ne može, to je jasno! ...»
Sad nije dugo razmišljala – nazvala je policiju.

Nakon desetak minuta Ksenija je vidjela kroz prozor kako

su se ispred zgrade zaustavila policijska kola. Dvojica policajca su prišla muškarcu i ovaj ih je pozdravio sa smiješkom. Ovi su susretljivo odzdravili i onda su kratko pričali. Muškarac je naglo podignuo glavu prema Ksenijinom prozoru. Pogledom koji ju je htio ubiti – Ksenija se sledila od strave. Nakon toga muškarac je otvorio kutiju. U kutiji je bila gomila nabacanih knjiga. Muškarac je zatvorio kutiju i policajci su mu pomogli unijeti kutiju u kombi.

Kad je policijski auto otišao, muškarac nije sjeo u kombi, nego je ušao u zgradu. Par minuta nakon toga Ksenija je začula zvonce na ulaznim vratima.

«Ne, neću mu otvoriti... »

Zvono je zazvonilo još jednom.

Ksenija je na prstima došla do ulaznih vrata i pogledala kroz špijunku. Pred vratima je stajala crnomanjasta žena.

Odahnula je i otvorila vrata.

- Dobar dan, susjeda. Evo, moj muž je našao što ste jutros tražili... – pružila joj je kutijicu šibica.

Ksenija je otvorila kutijicu i ugledala leću za oči.

Zabezeknuto je pogledala ženu.

- Našao ju je na balkonu, u kutu, jedva se nazirala. Normalno, kad je prozirna...

Ksenija je tupo zurila u leću. Protresla je kutijicu, ni sam ne znajući zašto. Podigla je leću prema svjetlosti.

Onda je pogledala ženu i nasmijala se nelagodno:

- Čujte, ovo nije moga leća. Ja sam svoju našla među šminkom, ispala mi je prije no što sam došla na balkon, ali nisam primijetila. Maloprije sam je našla, htjela sam se našminkati prije posla...

Žena ju je zbunjeno gledala:

- A tako... Onda je valjda od nekog drugog...

- Da, valjda. Moja uglavnom nije... Ali hvala vam za trud...

Žena je uzela kutijicu i začuđeno promrmljala:

- Hm, neobično... da ljudi gube leće baš na našem balkonu...

Kad je otišla, Ksenija je opet zapalila cigaretu.

Onda se počela smijati. Histerično smijati. Bilo joj je smiješno jer joj je palo na pamet značenje fraze «petljati se u tuđe poslove». Kad joj je mama – i tu je ona samu sebe vidjela kao djevojčicu kako pokazuje prstom na mrtvaca i govori: Reći ću te mami da si mrtav... – toliko puta rekla da brine svoja posla. I ona sad, nakon toliko godina, nije bila u stanju zapamtiti tako jednostavno uputstvo za sreću. Ta slika joj je bila izuzetno komična. Osjećala se kao idiot.

Zapalila je još jednu cigaretu i kratko razmišljala. Onda je zavrtjela glavom, odrješito ugasila cigaretu i glasno rekla:

- U strahu su velike oči.

Drugo jutro prije posla Ksenija je pogledala svoj poštanski sandučić. Tamo je našla obavijest da treba podići paket na pošti. Pošiljatelj je bio «Ghetaldus», optičarska firma.

«Ghetaldus»?... Zašto «Ghetaldus»?» - Ksenija se nasmijala. – «Zar cijeli Zagreb zna da ima problema s očima?»

Pogledala je na sat i odlučila da ide na poštu sutradan. Taj paket joj je bio nepoznanica i nije htjela zbog njega kasniti na posao – njezina kolegica u bolnici ne voli da čeka na razmjenu smjene. To je bilo u redu za Kseniju – ni ona nije voljela kad je morala čekati poslije završene smjene na sljedeću medicinsku sestru koja kasni.

I te večeri kad se vraćala s posla Ksenija je šetala do kuće i opet uživala u ugodno umornom gradu i atmosferi opuštenosti ulica. Kad je došla do svoje kuće, nekako je instinktivno pogledala prema balkonima. I sad je – da, opet je vidjela isti prizor – mrtvo tijelo prebačeno preko balkona! Na balkonu njezinih susjeda u stanu ispod nje.

«Pa kako je to moguće?! ... Ja mora da sam luda!...»

Stala je i koncentrirano promatrala balkon. Da, nije bilo greške, to jeste bilo tijelo. Mrtvac. No, sada je Ksenija odlučila reagirati malo pribranije. Odlučila je otići u susjednu zgradu i pogledati balkon iz druge perspektive.

I za tili časa je već bila u susjednoj zgradi, popela se na drugi kat stubišta odakle je dobro mogla vidjeti balkon. I – sad je Ksenija bila potpuno zbunjena: mrtvaca više nije bilo!

«Kako?! ... Je li ja zaista haluciniram?!...»

Pogledala je još jednom pažljivo balkon, ali on je bio prazan.

Spustila je nazad, na cestu, i pogledala prema gore. I sada je balkon bio prazan.

«Ovo je čisto ludilo! ... Ja zaista moram otići optičaru!»

I na tu misao se Ksenija počela histerično smijati:

«Ha! Ne trebam ići optičaru – optičar mi se već javio paketom...»

Drugo jutro Ksenija je susrela mladu susjedu na stubištu kako izlazi iz svojeg stana. Ksenija je htjela izbjeći susret, ali to se više nije dalo jer ju je susjeda spazila:

- Ah, susjeda! Dobro jutro! Kako je?

- Dobro jutro! Ide, hvala...

- Mi se nismo zapravo ni upoznale, zar ne? – rekla je mlada žena i pružila joj je ruku. – Ja sam Romana.

Ksenija je pružila ruku:

- Drago mi je, ja sam Ksenija.

Romana je nastavila pričljivo:

- Nadam se da ste već gotovi s proljetnim spremanjem. Ja se spremam već tjednima da se bacim na posao, ali nikako da nađem vremena. Uspjela sam jedino izvaditi tepih iz sobe, hoću ga dati na čišćenje.

- ... S proljetnim spremanjem? – zbunjeno je ponovila Ksenija.

- Da, baš mi je muž rekao da ste imali paučinu u kosi kad ste bili prekjučer kod nas.

- ... Paučinu?

- Da, u kosi. Htio vam je maknuti pučinu iz kose, ali vi ste djelovali nekako uplašeno.

- ... Uplašeno?

- Ah, moj muž djeluje na ljude zastrašujuće, što nije ugodno, za njegov posao to mu nije na štetu – on je policajac – , ali za prijatelje je strašno. Ljudi ne reagiraju uvijek pozitivno.

- ... Ah, tako... – rekla je Ksenija izbjegavajući iskrenu reakciju.

- Pa zato pitam. Lijepo je proljetno vrijeme, dušu dalo za čišćenje – tko voli. – dodala je Romana uz osmijeh.

- ... Pa da, vrijeme, uvijek je puno posla... – odgovorila je Ksenija neodređeno.

- Ja idem autom do Borongaja. Ako vam paše, mogu vas negdje odbaciti.

- ... Hvala vam, vrlo ljubazno od vas, ali idem u drugom

smjeru.

- No dobro, onda ćemo se ipak morati vidjeti na kavi. – nasmiješila se mlada susjeda.

- Da, naravno. Čim završim spremanje... – slagala je Ksenija sad bez da je trepnula.

- Do uskoro.

- Da...

Na putu prema poslu zazvonio je Ksenijin mobitel. Bila je to Irena, pjevačica:

- ... Stara, čuj, skroz sam smetnula s uma. Nisam ti rekla da sam dala tvoju adresu da mi pošalju poštom naočale. Ja nemrem tak dugo čekati dok se vratim, hoću da me moje skupe naočale čekaju doma pa sam zato dala tvoju adresu kao i onda prije kad si ti podigla za mene onaj paket s haljinom, prije par mjeseci... Jese ljutiš? ... Nemoj se ljutiti, znaš kak sam ja neorganizirana i luda... Ma ti si srce! ... Ali nemoj nikom reći da ne vidim dobro, okay? Hahahahaha, to šteti mojoj ljepoti, hahahaha, iako su naočale samo za čitanje, no - koja pjevačica još čita? Hahahahaha... Pusa, stara, i hvala ti, ti si super...

Kad se Ksenija navečer vraćala s posla i došla pred svoju zgradu, i opet je morala pogledati prema balkonu.

I onda je još jednom vidjela nešto prebačeno preko ograde balkona.

Ali sad, iz nekog neodređenog razloga, bila je uvjerena da to nije mrtvac. Sada je mirno zastala i dobro pogledala balkon. I vidjela je nešto novo: preko ograde balkona ležao je tepih. Tepih zamotan u balu koja je izgledala kao ljudsko tijelo.

Ksenija se nasmijala i spustila pogleda:

«Kako bi moja mama rekla: Nemoj sve vjerovati vlastitim očima...»

Onda je još jednom podigla pogled visoko iznad kuća, pogledala u tamno nebo iznad kuća i duboko udahnula ugodni noćni zrak.

Sve je bilo tiho i sve je pozivalo na noćni odmor.

Vocabulary

Abbreviations:
acc. – accusative
coll. – colloquial language
dat. – dative
dial. – dialect
f – female
fig. – figurative
gen. – genitive
hist. – historical
inf. – infinitive
inst. – instrumental
Lat. – Latin
loc. – locative
m – male
n – neuter
N – nominative
pej. – pejorative, deprecative
pfv. a. – perfective aspect
pl. – plural
PPA – past participle active
sg. – singular
voc. – vocative
vulg. – vulgar

A

alat – tool

B

bacati pogled – to take a look; bacati pogled za nekim – to gaze after so./sth.

bačen – thrown

baciti pogled – to take a look

baciti se na posao – to get to work

baciti, ja bacim (*pfv. a.*) – to throw away

bala – roll

bar – at least

bazen – swimming pool

beskrupulozna (f) – without scruples, unscrupulous

bešumno – without sound, quiet

bezazlenost – innocence, harmlessness

bezveze (*coll.*) – stupid, senseless

bivši, bivša, bivše (m/f/n) – former

blag – gentle

blijed, blijeda, blijedo (m/f/n) – pale

bljesak – lightning; sinulo joj je kao bljesak – something came to her mind like lightning

bog = Bog – God

bojati se, ja se bojim – to fear

Bokić! (*coll.*) = Bok! – Hello!

Borongaj – *a quarter in Zagreb*

Bože sačuvaj! – God forbid!

Bože! – Oh God!

božja providnost (*poetic*) – divine providence

bračni krevet – marriage bed

bračni savjetnik – marriage counselor

brak – marriage

brakolomnica – adulteress

brava – door lock

brbljanje – chatting

briga – care; voditi brigu o – to take care of; to worry about

brinuti svoja posla – to take care of your own things

brzina – speed; sve je ugovoreno na brzinu – everything is arranged quickly

buba (*coll.*) – beetle; staviti bubu u uho (*coll., phrase*) – to make someone think about something all the time

budala – jackass, jerk, idiot

buniti se, ja se bunim – to protest

bunovan, bunovna, bunovno (m/f/n) – sleepy

C

cedulja – note message; *deminutive*: ceduljica

crnomanjasta žena – brunette

crveneći – while she/he is blushing

crvenokosa – redhead

curica (*coll.*) – little girl

Č

čas – moment; u tom času – at this moment

činiti se, ja se činim – to occur to seem

čučati, ja čučim – to squat

čučnuti se, ja se čučnem (*pfv. a.*) – to squat

čudan, čudna, čudno (m/f/n) – funny, unusual

čuditi se, ja se čudim – to be amazed

D

dah – breath

daleko im dobra kuća (*coll., phrase*) – to keep someone at a distance

daska za glačanje – ironing board

dečki (pl.) – guys

dijamantni privjesak – diamond pendant

dim – smoke; povući dim cigarete – to pull the cigarette

dio (pl. dijelovi) – part

dirano – touched, stirred, moved

dirati, ja diram – to touch, to stir

dišući – breathing

dječurlija (*pej.*) – noisy or ill-behaved children

djelo – work

djevojčura (*pej.*) – floozie, alley cat

dobrostojeći – rich

doduše – namely

dogoditi se, ja se dogodim (*pfv. a.*) – to happen

dogovoriti se, ja se dogovorim (*pfv. a.*) – to make a deal

dokazni materijal – evidence

dokon, dokona, dokono (m/f/n) – inactive

doma (*coll., dial.*) = kod kuće – at home

donji – under

dopasti se, ja se dopadnem (*pfv. a.*) – to like; privjesak joj se dopao – she liked the pendant very much

dopustiti, ja dopustim (pfv. a.) – to allow

doseliti se, ja se doselim (*pfv. a.*) – to move in

dotjeran, dotjerana, dotjerano (m/f/n) – pretty, beautifully made

dozvoljavati, ja dozvoljavam – to allow

drago dijete – dear child

dragocjenost – valuable thing

društvo – company

državni odvjetnik – public prosecutor, state attorney

dug (pl. dugovi) – debt

dugovati, ja dugujem – to owe

duša – soul

dušom i tijelom – with body and soul

dušu dalo zu (*coll., phrase*) → lijepo je proljetno vrijeme, dušu dalo za čišćenje – the spring time is the best time for cleaning

dvorište – house yard

Dž

džep – pocket

E

elipsasti oblik – ellipsoid shape

Eto! – There you go!

F

faliti, ja falim (*coll.*) – to miss

frcati, ja frcam (*pfv. a.*) – to spark; iskre su frcale – it has sparked, sparks have sprayed

G

gadno – horrible

giht – gout

glas (pl. glasovi) – voice

glup, glupa, glupo (m/f/n) – stupid

glupavo – stupid

glupost – stupidity

godišnjica braka – wedding anniversary

goditi, ja godim – to fit, to taste; to joj nije uvijek godilo – she didn´t always like it

gološav, gološava, gološavo (m/f/n) – half-naked

gomila – pile

Gospon! (*coll., dial.*) = Gospodine! – Mister!

gotovina – cash

grliti, ja grlim – to hug

grob – grave

groblje – cemetery

grozno – horrible, terrible

grubost – rudeness

gume (pl.) – tires

gutati, ja gutam – to swallow

gužvajući – crumpling

gužvati, ja gužvam – to wrinkle

H

hinjen, hinjena, hinjeno (m/f/n) – feigned

hodati, ja hodam – to walk, to take steps

hodnik – corridor, hall

hrabrost – courage

hubertus (*coll.*) – hubertus coat

hvalisati se, ja se hvališem (*pej.*) – to show off

I

ionako – anyway

irski seter – Irish setter (dog breed)

iskomentirati, ja iskomentiram (*pfv. a.*) *coll.* – to comment in detail

iskoristiti, ja iskoristim (*pfv. a.*) – to take advantage of

iskra – spark

iskren, iskrena, iskreno (m/f/n) – honestly

iskustvo – experience

ispasti, ja ispadnem (*pfv. a.*) – to fall, to fall out

ispeglan, ispeglana, ispeglano (m/f/n) *coll.* – ironed

ispisan, ispisana, ispisano (m/f/n) – written

isplaćeno – paid out

isplatiti se, ja se isplatim – to be worth it

ispričati se, ja se ispričam (*pfv. a.*) – to apologize; to have a long talk

ispuhani balon – airless balloon

išta – anything

istekli su rokovi – deadlines have expired

istraga – judicial investigation

istražni sudac – examining magistrate

izabrati, ja izaberem (*pfv. a.*) – to choose

izašla → inf. izaći, ja izađem – to go outside; PPA: izašao, izašla, izašlo

izbjeći, ja izbjegnem (*pfv. a.*) – to avoid

izbjegavajući – avoiding

izbrbljati, ja izbrbljam (*pfv. a.*) – to blab

izdržati, ja izdržim (*pfv. a.*) – to endure

izjava – statement

izlog – shop window

izmišljotina (*pej.*) – fiction

iznenaditi, ja iznenadim (*pfv. a.*) – to surprise

izokrenut (m) – overturned

izraz – expression; izraz lica – facial expression

izumro → inf. izumrijeti, ja izumrem (*pfv. a.*) – to extinct, without life signs; PPA: izumro, izumrla, izumrlo

izvoz – export

izvukao – pulled out; inf. izvući, ja izvučem (*pfv. a.*) – to pull out; PPA: izvukao, izvukla, izvuklo

J

jednom riječju – in short, in a nutshell

Jese ljutiš? (*Slang*) = Ljutiš li se? – Are you mad at me?

jugo – south wind

K

kajanje – regret

kapati, ja kapam – to drop

karika – link

kikotati se, ja se kikoćem – to laugh by leaps and bounds

kimati, ja kimam – to nod

klečeći – kneeling

kloniti se, ja se klonim – to keep away, to stay away

knedla → progutati knedlu – to have a lump in your throat

kojekakve sitnice – any little things

komadić – particle

kombi – van

konačno – finally

košara – basket; košara za prljavo rublje – laundry basket

kreč – lime

kriminološka obrada – forensic investigation

kroj – cut

krpa – rag

krv – blood

kucati, ja kucam – to knock

kuhinjski stol – kitchen table

kune se – he swears

kupaći kostim – bathing costume

kupiti na crno – to buy somethnig on black market

kutija – box

kutijica s nakitom – jewelry box

ladica – drawer

lagati, ja lažem – to lie

lajati, ja lajem – to bark

lakomislenost – carelessness

lančić – necklace; zlatni lančić – gold necklace

leća – lens

lediti, ja ledim – to ice, to freeze; lediti pogledom – to look at so. with a cold look

legla – lie down; inf. leći, ja legnem – to lay down; PPA: legao, legla, leglo

leš – corpse

ličiti, ja ličim – to be similar to

lijes – coffin

loptica – a small ball

lova (*coll.*) = novac – money

lud – crazy

luđak – maniac, insane

ludilo – madness; Ovo je čisto ludilo! (*coll.*) – This is madness!

LJ

ljepota – beauty

ljetni sako – summer jacket

ljubavnica – lover (*female*)

ljubavnik – lover (*male*)

ljubomoran, ljubomorna, ljubomorno (m/f/n) – jealous

ljutito – angry

M

maloprije – just before, a few moments ago

maneken – mannequin, male fashion model

manira – manners; s dobrim manirima – with good manners

medaljon – medallion

metla – broom

micati se, ja se mičem – to move

milovati, ja milujem – to caress, to pet

miran, mirna, mirno (m/f/n) – quiet

mirisati, ja mirišem – to smell

mirovati, ja mirujem – to rest

mirovina – pension

misao – thought

misli (pl.) – thoughts

mišljenje – opinion

mjeriti se, ja se mjerim – to compete with

mjesto – place; vratio je kutiju na mjesto – he put the box back

momak – lad

mračno – dark

mršav, mršava, mršavo (m/f/n) – slim, thin

mrtav, mrtva, mrtvo (m/f/n) – dead

mrtvac – dead person

mucajući – stuttering

mučiti se, ja se mučim – to make an effort, to try hard

mutavac (*coll.*, *pej.*) – jerk, idiot, stupid man

muževa rodbina – his in-laws

N

nabacan – stacked on each other

naceriti se, ja se nacerim – to grin

naciljati, ja naciljam (*pfv. a.*) – to target, to aim

način – way; bez obzira na koji način – no matter in what way

načisto (*coll.*) – whole, full, completely

nađen (m) – found

nadopuniti, ja nadopunim (*pfv. a.*) – to add; to complete

nađu se – they meet (*intentionally*); inf. naći se, ja se nađem (*pfv. a.*) – to meet (*intentionally*)

nagao, nagla, naglo (m/f/n) – sudden, abrupt

naglašavajući – emphasizing

nagnut (m) – bent

nagnuti se, ja se nagnem (*pfv. a.*) – to bend, to lean out

najdraža uspomena – the most beautiful memory

nakit – jewelry

nalijepljen (m) – glued

namješten, namještena, namješteno (m/f/n) – arranged

namrgođen, namrgođena, namrgođeno (m/f/n) – with grim expression

naočale – glasses

napisano – written down

napola – half

naporno – strenuous; exhausting

napraviti, ja napravim (*pfv. a.*) – to make, to do

narav – nature

narediti, ja naredim (*pfv. a.*) – to command

narogušeno – angry, dissatisfied, threatening

nasamo – alone

nastrani tipovi (pl.) *pej.* – deviant guys

natuknuti, ja natuknem (*pfv. a.*) – to suggest

navikavati se, ja se navikavam – to get used to

navrat-nanos – head over heels

nazirati se, ja se nazirem – to emerge

nećakinja – niece

nedavno – recently

nedjelo – misdoing, atrocity, malice

nedohvatljivo – unreachable

nedostajati, ja nedostajem – to miss

neistraženo – unexplored

nekoliko – some

nemrem (*coll., dial.*) = ne mogu – I can't

neobrijan – unshaven

neodređeno – undetermined

nepažnja – inattention

nepomičan, nepomična, nepomično (m/f/n) – immovable

nepoznanica – unknown; something unknown

nepredviđeno – unexpected

nered – disoreder, mess

nesporazum – misunderstanding

nestati, ja nestanem (*pfv. a.*) – to disappear

nestrpljiv, nestrpljiva, nestrpljivo (m/f/n) – impatient

netremice – incessantly, without twitching eyelashes

neuredno – untidy

nevin, nevina, nevino (m/f/n) – innocent

nevjera – infidelity

nezaboravan, nezaboravna, nezaboravno (m/f/n) – unforgettable

ni – neither, not even

Nikad ne reci nikad. – Never say never.

niš (*coll.*, *dial.*) = ništa – nothing

niti – niti = neither – nor

niža (f) – lower

novina – news, a new thing

nutrina – inside

O

obavijest – message

obaviti, ja obavim (*pfv. a.*) – to do, to make

oblik – form, shape

obrada – investigation

obratiti se, ja se obratim (*pfv. a.*) – to turn

obris – shape

obzir → bez obzira na koji način – no matter in which way

obzir → bez obzira – regardless of

očekivati, ja očekujem – to expect

ocrtavati se, ja ocrtavam se (*pfv. a.*) – to shape, to see shapes; Na njegovom okovratniku su se ocrtavali tragovi ruža. – On his collar the traces of lipstick were visible.

odavati, ja odajem – to reveal

odavno – long ago

odbaciti nekoga negdje (*coll.*) – to take so. for a ride

odbacivati, ja odbacujem – to discard, to throw away

odbiti, ja odbijem (*pfv. a.*) – to refuse; to bounce off

odgovornost – responsibility

odjek – echo

odlaziti, ja odlazim – to go, to be off

odmaknuti se, ja se odmaknem – to move away

odmjeriti od glave do pete – to look over from head to toe

odnijeti, ja odnesem (*pfv. a.*) – to take away; to steal

odnos – relationship

odolijevati zubu vremena (*phrase*) – to resist the ravages of time

odrješito – resolute

odrijemati, ja odrijemam (*pfv. a.*) – to take a nap

odseliti se, ja se odselim (*pfv. a.*) – to move out

odustati, ja odustanem (*pfv. a.*) – to give up

odušak (*gen*: oduška) → dati oduška zlovolji – to give free rein to the displeasure

oduvijek – since always

odzdraviti, ja odzdravim (*pfv. a.*) – to greet back

odzvanjati, ja odzvanjam (*pfv. a.*) – to echo, to reverberate

ofarbati, ja ofarbam (*pfv. a.*) *coll.* – to colour

ogledalo – mirror

ogorčen, ogorčena, ogorčeno (m/f/n) – embittered

ograda – fence

okovratnik – collar

okrugao, okrugla, okruglo (m/f/n) – round

okupati se, ja se okupam (*pfv. a.*) – to take a bath

okupljen, okupljena, okupljeno (m/f/n) – gathered

okvir – frame

optičar – optician

optuživati, ja optužujem (*pfv. a.*) – to accuse

opuštenost – serenity

orgazam – orgasm

oružje – weapon

osam (sati) – 8 o´clock

osjećaj – feeling

osloniti se, ja se oslonim (*pfv. a.*) – to rely on

ostava – storeroom

oštećen, oštećena, oštećeno (m/f/n) – damaged

osuđivati, ja osuđujem – to condemn

otada – since, since then

otisak (prstiju) → pl. otisci (prstiju) – fingerprint

otkazati, ja otkažem (*pfv. a.*) – to cancel; noge su joj otkazale
poslušnost – her legs refused to obey her

otključati vrata – to unlock

otkupiti, ja otkupim (*pfv. a.*) – to buy from

otopiti, ja otopim (*pfv. a.*) – to defrost

otrovan, otrovana, otrovano (m/f/n) – poisoned

otrovati, ja otrujem (*pfv. a.*) – to poison

ovaj... (*coll.*) – well... I mean...

ovratnik – collar

ozbiljan, ozbiljna, ozbiljno (m/f/n) – seriously

ozbiljnost – seriousness

P

padajući – falling

pamtiti, ja pamtim – to remember

papirić – note

pas ljubimac – pet dog

paše → ako vam paše (*coll.*) – if it would be convenient for you

patrola – patrol

paučina – spider´s web

paziti, ja pazim – to watch out, to pay attention

pažljivo – careful

pažnja – attention

peglati, ja peglam (*coll.*) – to iron

petljati se u tuđe poslove (*phrase, pej.*) – to interfere

pipati, ja pipam – to touch

piše → ovdje piše – here it says

pjevušiti, ja pjevušim – to lilt

platinasti okvir – platinum frame

pluća – lung

pobjeći, ja pobjegnem (*pfv. a.*) – to flee

pod – floor

podbule oči – swollen eyes

podcjenjivati, ja podcjenjujem – to underestimate

podići hipoteku – to raise a mortgage

podignuo – lifted; inf. podići, ja podignem (*pfv. a.*) – to pick up; to lift; PPA: podignuo, podignula, podignulo

podijeliti, ja podijelim (*pfv. a.*) – to share; to communicate

podižem – I lift; inf. podizati, ja podižem – to lift; podizati muškost – to confirm (him) in his manhood

podlaktica – forearm

podrapati, ja podrapam (*pfv. a.*) *coll.* – to shred, to tear up

podrugljivost – mockery

poduzeti, ja poduzmem (*pfv. a.*) – to do, to take action, to undertake

pogladiti, ja pogladim (*pfv. a.*) – to cuddle; to calm

pogon – operation; bazen je u pogonu (*coll.*) – we use the swimming pool

pohitati, ja pohitam (*pfv. a.*) – to hurry

pohvaliti se, ja se pohvalim (*pfv. a.*) – to praise yourself, to show off

pojam – term; nemati pojma – to have no idea

pojas – waist; udarac ispod pojasa – hit below the belt

pojavljivati se, ja se pojavljujem – to apear, to come into appearance

pokazivati, ja pokazujem – to show

pokazujući – showing

poklopiti se, ja poklopim (*pfv. a.*) *coll.* – to match, to come together; sve se poklopilo – everything fell into place

pokoji, pokoja, pokoje (m/f/n) – any

pokojni (m) = pokojnik – a deceased

pokrajnja (f) – neighboring

pokret – movement

pokucati, ja pokucam (*pfv. a.*) – to knock

poljubiti, ja poljubim (*pfv. a.*) – to kiss

položen (m) – laid

poluglasno – half-loud

pomaknuti se, ja se pomaknem (*pfv. a.*) – to move

pomaknuti, ja pomaknem (*pfv. a.*) – to move

ponosan, ponosna, ponosno (m/f/n) – proud

ponuda – offer

ponuditi, ja ponudim (*pfv. a.*) – to offer

popeti se, ja se popnem (*pfv. a.*) – to go up

popriličan – pretty

poravnati, ja poravnam (*pfv. a.*) – to smooth

poraz – defeat

poražen, poražena, poraženo (m/f/n) – defeated

poredba – comparison

poriče – he denies; inf. poricati, ja poričem – to deny

poruga – mockery

poruka – message

posao (pl. poslovi) – work

posegnuti za, ja posegnem za (*pfv. a.*) – to reach, to go for

posjećivati, ja posjećujem – to visit

poslagati, ja poslažem (*pfv. a.*) – to order, to arrange

poslušan, poslušna, poslušno (m/f/n) – obedient

posmrtno zvono – death bell

pospremati, ja pospremam – to clean up

poštanski sandučić – mailbox

postarija (f) – slightly older

postaviti, ja postavim (*pfv. a.*) – to place, to set up

postavljati pitanja – to ask questions

pošten, poštena, pošteno (m/f/n) – decent

postupati, ja postupam – to proceed, to do

posuditi, ja posudim (*pfv. a.*) – to borrow, to lend

posuđivati, ja posuđujem – to borrow, to lend

potez – movement

potrajati, ja potrajem (*pfv. a.*) – to last

pouzdati se, ja se pouzdam (*pfv. a.*) – to rely on

povratiti dah – to come to the breath

povremeno – occasionally, from time to time

poželjeti, ja poželim (*pfv. a.*) – to wish

poziv – invitation

pozliti (*pfv. a.*) – to get sick

pozvoniti, ja pozvonim (*pfv. a.*) – to ring

praonica – laundromat

prati veš (*coll.*) – to do the washing (clothes)

pravedno – fair

prebijena (f) – beaten

predanost – devotion, dedication

predmet – object, item, thing

prednja (f) – front

predodžba – idea, expectation, imagination

predstava – performance

prekrivač – blanket

premjestiti, ja premjestim (*pfv. a.*) – to move

preostaje – it remains; to je jedino što preostaje – this is the only thing that remains

prepoznavanje – identification, recognition

presavijen → presavijen preko ograde – thrown over the (balcony) fence

presaviti, ja presavijem (*pfv. a.*) – to fold

presušiti se, ja se presušim (rublje) *pfv. a.* – to become very dry, to dry out

prešućivati, ja prešućujem – to keep from, to hide

preuzbuđena (f) – too excited

preuzeti inicijativu – to take initiative

približno – approximately

pribranije – more present in mind

pričiniti se, ja se pričinim (*pfv. a.*) – to seem; to appear to be

prihvaćati, ja prihavaćam – to accept

prijati, ja prijam (*pfv. a.*) *coll.* – to taste

prijavljen kao ukraden – reported as stolen

prijetiti, ja prijetim – to threaten

prijetnja – threat

prilika – opportunity

prilika – shape; match

primjećivati, ja primjećujem – to notice, to make a note

pripadati, ja pripadam – to belong to

pripaziti, ja pripazim (*pfv. a.*) – to pay attention; to look after

prirođen, prirođena, prirođeno (m/f/n) – innate

prisloniti, ja prislonim (*pfv. a.*) – to lean on

privatnik – single company

priveden, privedena, privedeno (m/f/n) – presented

privjesak – pendant

prizemlje – first floor, ground floor

prizemnica – one-storey house

priznati, ja priznam (*pfv. a.*) – to admit

prljati, ja prljam – to make dirty

prljav, prljava, prljavo (m/f/n) – dirty

pročelje – facade

prodrmati, ja prodrmam (*pfv. a.*) – to shake

progovoriti, ja progovorim (*pfv. a.*) – to begin to speak

Prokletnici! (*pej.*) – The damned!

proljetno spremanje – spring cleaning

promrmljati, ja promrmljam (*pfv. a.*) – to murmur

pronaći, ja pronađem (*pfv. a.*) – to find; PPA: pronašao, pronašla, pronašlo

prošetati, ja prošetam (*pfv. a.*) – to go for a walk

prostor – room

prostorija – room, space

prostran, prostrana, prostrano (m/f/n) – spacious

provala – burglary

provaliti, ja provalim (*pfv. a.*) – to break in

provaljivano – broken

provalnik – burglar

provjeravati, ja provjeravam – to check, to look up

provjeriti, ja provjerim (*pfv. a.*) – to check, to look up

provući, ja provučem (*pfv. a.*) – to pass

proživljavati, ja proživljavam – to experience

prtljažnik – luggage

psovati, ja psujem – to curse

pusa (*coll.*) = poljubac – kiss

R

radi – because of

raširiti, ja raširim – to spread out, to wide

raspitati se, ja se raspitam (*pfv. a.*) – to ask after

raspravljati se, ja se raspravljam – to deal with, to dispute with

rasvjeta – lighting

razbacivati se novcem – to splash around with money

razbijati, ja razbijam – to hit; razbijati glavu – to agonise, to rack one´s brains

razmazati, ja razmažem (*pfv. a.*) – to blur

razmjena smjene – shift change

razočaran, razočarana, razočarano (m/f/n) – disappointed

red (pl. redovi) – line

remen – belt

reski odjek (rezak odjek) – shrill sound

reveri (pl.) – lapels, lapel cuff

riječ – word

rintati, ja rintam (*coll.*) – to toil, to work hard

rođak – relative

rodbina – relatives

rok (pl. rokovi) – deadline

rublje – laundry

rukav – sleeve

ruž – lipstick

saliven (n) – cast-on

sam, sama, samo (m/f/n) – alone; self

sastanak – date, appointment

sastaviti zabilješku – to write a short protocol

savjest – conscience

savjestan, savjesna, savjesno (m/f/n) – conscientiously

savjetnik – counselor; bračni savjetnik – marriage counselor

sere (*pej.*) – he shits; inf. srati, ja serem – to shit

shvatiti, ja shvatim (*pfv. a.*) – to understand

sićušan – teeny, tiny

sigurnost – safety, safeness

sinoć – last night

sinuti, ja sinem (*pfv. a.*) – to think of, to come up with an idea; sinulo joj je kao bljesak – something came to her mind like lightning

sitan, sitna, sitno (m/f/n) – tiny

sitnica – little something

sjajan, sjajna, sjajno (m/f/n) – glossy

sjednica – meeting

sjena – shadow

skakutanje (*fig.*) – jumping, skipping

skinuta hipoteka (*coll.*) – paid-off mortgage

skloniti, ja sklonim (*pfv. a.*) – to put away

sklop okolnosti – fate of circumstances

skoknuti, ja skoknem – to come by, to get by

skrivati, ja skrivam (*pfv. a.*) – to hide

skroz (*coll.*) = potpuno – completely

skupljati se, ja se skupljam – to gather, to meet

slabost – weakness

slediti se od strave – to freeze in fright

slovo – letter

složiti se na pod (*pfv. a.*) *fig.* – to fall to the floor

slučaj – case

službeni auto – official car

službeni put – business trip

služiti svrsi – to serve the purpose

služiti, ja služim – to serve

smekšati, ja smekšam (*pfv. a.*) – to soften

smetnuti nešto s uma – to lose sight of something

smijati se, ja se smijem – to laugh; za smijati (*phrase*) – something to laugh, unbelievable

smijeh – laughter

smjena – shift

smrdi – it stinks; inf. smrdjeti, ja smrdim – to stink

smrznuti se od straha (*phrase*) – to be scared stiff

snaga – power

snažan, snažna, snažno (m/f/n) – strong

snob (pl. snobovi) – snob

spasiti, ja spasim (*pfv. a.*) – to save

spaziti, ja spazim (*pfv. a.*) – to see, to notice

spremati se, ja se spremam – to prepare yourself

spremljena večera – ready dinner

srce – heart

srcoliki privjesak – pendant in heart shape

srebrni pir – silver wedding anniversary

sreća – luck

sresti, ja sretnem (*pfv. a.*) – to meet (*by chance*)

staklo – glass

starinski ormar – old fashioned cupboard

stisnut – squeezed

strah – fear; u strahu su velike oči (*saying*) – in an anxiety state everything looks worse than it is

strašno – horrible

strast – passion

strastveno – passionate

stresti, ja stresem – to shake

strpljenje – patience

stubište – staircase

stvar – thing; to nije na stvari – this ist not the issue

sud (pl. sudovi) – court

sudac (pl. suci) – judge

sudski – judicial

sumnjati, ja sumnjam – to doubt

sumnjičav – suspicious

suosjećaj – sympathy

suradnica – employee (*female*)

sušiti, ja sušim – to dry

susret – encounter

susretljivo – kind, complaisant

sutradan – tomorrow

suza – tear

svađa – dispute

sve dok – until

svejedno – no matter

sviđati se, ja se sviđam – to like

svijetliti, ja svijetlim – to light

svijetlosivi (m) – light grey

svim → svim i svačim – all kinds of

svjestan, svjesna, svjesno (m/f/n) – consciously, aware

svjetlo – light

svučen (m) – pulled down

Š

šapa – paw; prednja šapa – front paw

šarena laža, a na vrhu ništa (*phrase*) – colorful nothing

šiparica (*coll., pej.*) – adolescent (*female*)

školarac – pupil

školjka WC-a – WC shell

štap – stick

štetiti, ja štetim – to harm, to hurt, to affect

što (*coll.*) = zašto – why

šugav (m) *coll. pej.* – dirty, ill

šuteći – in silence

šutnja – silence

T

Ta ti je dobra! (*fig.*) – That´s a good one!

tajni/tajan, tajna, tajno (m/f/n) – secret

tak = tako – so

tak kak da je (*coll., dial.*) = tako kao da je – as if it were so

tamnozeleni – dark green

tat = lopov – thief

težište – focus

tijelo – body

tili časa → za tili časa – in no time, very fast

tjedan dana – one week

tlo – ground; izgubiti tlo pod nogama (*phrase*) – to lose the ground unter your feet

tonuti, ja tonem – to sink

trač (pl. tračevi) – gossip

trag (pl. tragovi) – track, trace

travnjak – lawn

trepniti, ja trepnem – to twitch with the lashes; slagati bez da se trepne (*phrase*) – to lie without batting an eyelid

trezniti se, ja se treznim – to become sober

trokatnica – three-storey building

trpezarijski stol – dining room table

trunuti u zatvoru (*pej.*) – to rot in prison

tu i tamo – every now and then

tucet – dozen

tukac (*coll.*) *pej.* – jerk

tuliti, ja tulim – to howl

tupo gledati – to look dimly

tvrditi, ja tvrdim – to claim

U

ubijati, ja ubijam – to kill

ubistvo (*coll.*) = ubojstvo – murder

ubojstvo – murder

ubrzo – soon

učiniti se, ja se učinim (*pfv. a.*) – to seem

učiniti, ja učinim (*pfv. a.*) – to make, to do

udarac – punch; udarac ispod pojasa (*phrase*) – punch below the belt

udobnost – accommodativeness, comfort

udovica – widow

udovoljena (f) – fulfilled

ugašen, ugašena, ugašeno (m/f/n) – extinguished, deleted, erased

uginuti, ja uginem (*pfv. a.*) – to perish

ugurati, ja uguram (*pfv. a.*) – to pocket, to post, to give

uhvatiti, ja uhvatim (*pfv. a.*) – to catch

ukočiti se, ja se ukočim – to freeze

ukradeno – stolen

ukrasti, ja ukradem (*pfv. a.*) – to steal

ulagati, ja ulažem – to invest

ulažu – they invest; inf. ulagati, ja ulažem – to invest

ulična rasvjeta – street lighting

uložiti, ja uložim (*pfv. a.*) – to invest

umiljat, umiljata, umiljato (m/f/n) – kind, nice

umiriti se, ja se umirim (*pfv. a.*) – to calm down

unutra – inside

unutrašnji džep sakoa – inner jacket pocket

uozbiljiti se, ja se uozbiljim (*pfv. a.*) – to become serious

upasti u oči – to catch so.´s eye, to strike

uplašeno – frightened

upotrijebljen (m) – used

upravljati, ja upravljam – to direct

upravni odbor – board of management

upražnjavati određen način života – to lead a certain lifestyle

upropastiti, ja upropastim (*pfv. a.*) – to destroy, to break

upuštati se, ja se upuštam – to let yourself in

uputiti se, ja se uputim – to go to

uputstvo – instruction

uredan, uredna, uredno (m/f/n) – neat, tidy; orderly; decent; proper

usamljen, usamljena, usamljeno (m/f/n) – lonely

usamljenost – loneliness

usisivač – vacuum cleaner

usko – tight

uslužan, uslužna, uslužno (m/f/n) – courteous, willing

uspavan, uspavana, uspavano (m/f/n) – sleepy

uspješno – successful

uspomena – memory

uspraviti se, ja se uspravim (*pfv. a.*) – to sit upright, to stand upright

ustajući – while standing out

ustanoviti, ja ustanovim (*pfv. a.*) – to decide, to realize ušteđevina – savings

ustobočiti se, ja se ustobočim – to adopt an aggressive body position

usuditi se, ja se usudim – to dare

ušutjeti, ja ušutim (*pfv. a.*) – to become silent

utjeha – consolation

uvećan, uvećana, uvećano (m/f/n) – enlarged

Uvedite neku novinu! – Come up with a new idea!

uvjeravati, ja uvjeravam – to insure

uvoz – import

uvredljiv (m) – insulting

užas – fright

uzbuđen, uzbuđena, uzbuđeno (m/f/n) – excited

uzbuniti se, ja se uzbunim (*pfv. a.*) – to roil

uzdah – sigh

uzdahnuti, ja uzdahnem (*pfv. a.*) – to sigh

uzeti, ja uzmem (*pfv. a.*) – to take away

uzmucati se, ja se uzmucam (*pfv. a.*) – to start to stutter

uznemiravati, ja uznemiravam – to disturb

uzrujavati, ja uzrujavam (*pfv. a.*) *coll.* – to set into excitement

uzvratiti, ja uzvratim (*coll.*) – to reply

V

valjda – probably; but

valovit (m) – wavy

van = izvana – outside

vani – outdoors; kupovati vani (u inozemstvu) – to buy abroad

varati, ja varam – to err, to be wrong

vatra – fire

veš (*coll.*) – laundry

veza – bond; relationship; nema veze – doesn´t matter

Vi → Ja i policija smo na «Vi» (*fig.*) – We are per "you", "on distance" = I want nothing to do with the police

vid – sight, eyesight

viđati, ja viđam – to see each other

vidokrug – field of view

vjenčan prsten – wedding ring

vjerojatno – probably

vješalica – coat hanger

vještak – surveyor, expert witness

voditi, ja vodim – to lead

volja – will; biti dobre volje – to be in a good mood; raditi što im je volja – they do what they want

volja – will; svojom voljom – on its own, voluntary

vraćati se, ja se vraćam – to return

vrag – devil; koji me je vrag tjerao da... – ... what devil rode me to...

vrat – neck

vratiti se, ja se vratim (*pfv. a.*) – to return

vreća – bag

vrećica – shopping bag

vrijediti, ja vrijedim – to have a value; to ne vrijedi toliko novaca – that doesn´t pay off

vrijednost – value,

vršnjak (pl. vršnjaci) – peer

vrsta – kind, sort, type

vrzmati se, ja se vrzmam – to buzz around

vukla → inf. vući, ja vučem – to pull, to drag; PPA: vukao, vukla, vuklo

Z

zabaviti se, ja se zabavim – to have fun

zabezeknuto – amazed

zabilješka – note

zabrzati, ja zabržem (*pfv. a.*) – to hurry with something (answer, etc.)

začuditi se, ja se začudim (*pfv. a.*) – to be surprised

zadnji, zadnja, zadnje (m/f/n) – the last

zadržati se, ja se zadržim (*pfv. a.*) – to stay

zagledati se, ja se zagledam (*pfv. a.*) – to stare, to observe attentively

zagrliti, ja zagrlim (*pfv. a.*) – to hug

zagrljaj – hug

zajednica – togetherness, unity

zaključiti, ja zaključim (*pfv. a.*) – to come to the conclusion

založiti, ja založim (*pfv. a.*) – to pawn

zamisliti, ja zamislim (*pfv. a.*) – to imagine

zamišljati, ja zamišljam – to imagine

zamka – trap

zaostali (mentalno) *pej.*– retarded (mentally)

zapeti, zapnem (*pfv. a.*) → pogled joj je zapeo za – her look remained on

zapiljiti se, ja se zapiljim (*pfv. a.*) – to stare

zapinjati, ja zapinjem (ključ u bravi) – the key is stuck in the door lock

započeti, ja započnem (*pfv. a.*) – to begin

zapovjednički – commanding

zarežati, ja zarežim (*pfv. a.*) – to start to snarl

zastati, ja zastanem (*pfv. a.*) – to pause

zaštita – protection

zastrašujuće – frightening

zaustaviti se, ja se zaustavim (*pfv. a.*) – to stop

zavada – dispute

zavesti, ja zavedem (*pfv. a.*) – to seduce

zavitlati, ja zavitlam (*pfv. a.*) – to spin

zavodljivost – art of seduction

zavrtiti glavom – to shake your head

zgranuto – dismayed

zgužvati, ja zgužvam (*pfv. a.*) – to crumple

zijevnuti, ja zijevnem (*pfv. a.*) – to yawn

zlatarna (*coll.*) = zlatarnica – jewelry store

zlim (*inst.*) → N: zlo – evil; zlo se zlim vraća – evil is paid
back with evil (you reap what you sow) zlobno – insidious

zlovolja – bad mood, displeasure

zlovoljan, zlovoljna, zlovoljno (m/f/n) – grumpy, disgruntled

znak – sign

znati, ja znam – to know; can, used to; znao joj je predbacivati
– he often reproached her

znatiželjnik – onlooker

zrak – air

zvoniti, ja zvonim – to ring

žaljenja – remorse

željno – eagerly, ardently

žmarci → žmarci joj prolaze tijelom – that gives her the creeps

Croatian made easy
Available from July 2024

TEXTBOOKS

Level 0: Easystarts (A1) – up to 400 words

Ana Bilić: Croatian Simple Sentences 1
paperback, e-book, audio book and interactive e-book with audio

Ana Bilić: Croatian Simple Sentences 2
paperback, e-book, audio book and interactive e-book with audio

READING BOOKS

Level 0: Easystarts (A1) – up to 400 words

Ana Bilić: My Long-Distance Relationship / Moja daleka ljubav
paperback, e-book, audio book and interactive e-book with audio

Ana Bilić: The Silver Lamp / Srebrna lampa
paperback, e-book, audio book and interactive e-book with audio

Ana Bilić: The Stone Vase / Kamena vaza
paperback, e-book, audio book and interactive e-book with audio

Level 1: Beginners (A1 – A2) – up to 800 words

Ana Bilić: The Extraordinary Challenge / Izuzetni izazov
paperback, e-book, audio book and interactive e-book with audio

Ana Bilić: A Definite Thing / Definitivna stvar
paperback and e-book

Ana Bilić: The Little Big Decision / Mala velika odluka
paperback and e-book

Level 2: Intermediate (A2) – up to 1200 words

Ana Bilić: Next to me / Kraj mene
paperback, e-book, audio book and interactive e-book with audio

Ana Bilić: The Stranger / Stranac
paperback and e-book

Level 3: Advanced (B1) – up to 1700 words

Ana Bilić: The Girlfriends / Prijateljice
paperback and e-book

Ana Bilić: Summer Holiday in Istria / Ljetovanje u Istri
paperback, e-book, audio book and interactive e-book

Ana Bilić: Departure / Odlazak
paperback and e-book

Level 4: Perfection (B2) – up to 2200 words

Ana Bilić: My Name is Monika – Part 1 / Moje ime je Monika – 1.
dio *paperback and e-book*

Ana Bilić: My Name is Monika – Part 2 / Moje ime je Monika – 2.
dio *paperback and e-book*

Ana Bilić: My Name is Monika – Part 3 / Moje ime je Monika – 3.
dio *paperback and e-book*

Level 5: Perfection Plus (C1) – up to 2800 words

Ana Bilić: The Encounter / Susret
paperback and e-book

Ana Bilić: The Date / Sastanak
paperback and e-book

Level 6: First Language (C2) – up to 3500 words

Ana Bilić: The Visit / Posjet
paperback and e-book

Ana Bilić: An Interesting Motive / Interesantan motiv
paperback and e-book

Level 7: Standard Literature - without vocabulary section

Snježana (Ana) Bilić: Život s voluharicama – nadrealne priče
paperback and e-book

Snježana (Ana) Bilić: Knjiga o Takama – bajke za odrasle
paperback and e-book

Ana Bilić: Ulica snova – fantastične priče
paperback and e-book

Ana Bilić: O jasnoći i drugim zabludama – pjesme
paperback and e-book

Please visit us on
www.croatian-made-easy.com

and learn more about other mini-novels and other learning material.
New books and digital media are published continuously.

9 783903 517158